AF561294

O Mars, ô mon bien ! Venus fera ton bonheur.

TIBULLE
ET LES BAISERS
DE JEAN SECOND,
TRADUCTION NOUVELLE,
SUIVIE
DE CONTES ET NOUVELLES,

Ouvrages adressés, du Donjon de Vincennes, par Mirabeau, à Sophie Ruffey.

Avec Figures.

TOME TROISIÈME.

A TOURS,
Chez Létourmi le jeune, et Compagnie.
A PARIS,
Chez Deroy, Libraire, rue Cimetière André, n.° 15.

L'an 4 de l'ère républicaine.

CONTES
ET
NOUVELLES

Adressés, du Donjon de Vincennes, par MIRABEAU, *à* SOPHIE RUFFEY.

Nec si quid olim lusit Anacreon
delevit ætas.

A TOURS,
Chez LÉTOURMI le jeune, et Compagnie.
A PARIS,
Chez DEROY, Libraire, rue Cimetière André, n.° 15.

L'an 4 de l'ère républicaine.

Il a été tiré quelques exemplaires de cet ouvrage en papier vélin, et un très-petit nombre en grand papier vélin, avec figures avant la lettre, dont on a fait colorier plusieurs suites pour les amateurs qui desireront avoir doubles figures.

LE FILET DE VULCAIN,

OU

LES AMOURS DE MARS ET VÉNUS.

LE FILET DE VULCAIN, OU LES AMOURS DE MARS ET VÉNUS (1).

VULCAIN précipité du ciel pour sa laideur, habitait l'isle de Lemnos. Là, dans les entrailles enflammées de la terre, il s'occupait à forger les foudres redoutables dont Jupiter arme son bras vengeur; l'enclume retentissait jour et nuit sous les coups redoublés de ses Cyclopes; on voyait l'airain bouillonnant couler en longs ruisseaux, et prendre à leur gré mille

(1) L'idée de ce conte est tirée d'un opuscule de *Ferrante Pallavicino*, connu sous le titre de : *la rete di Vulcano, overo gli amori di Marte et di Venere*; *in Villa Franca 1671*. On a réduit à peu de pages le morceau très-prolixe de l'Auteur Italien. Le Lecteur jugera s'il y a perdu.

formes différentes. L'infatigable Dieu animait leurs travaux par sa présence; il était lui-même dans un exercice continuel.

La Reine des graces et des plaisirs, Vénus, la belle Vénus, attira les regards de Vulcain. La difformité de ce Dieu l'avait fait chasser du ciel; Vénus en sortit pour sa beauté. Depuis long-temps la discorde règnait parmi les immortels : tous étaient épris pour la Déesse des amours; tous voulaient la posséder. Jupiter la refusa à tous, et pour rappeller la paix dans l'olympe, il accorda Vénus à Vulcain. Quelle union! un boiteux d'une figure hideuse, dégouttant de sueur, couvert de fumée, destiné à la Déesse de la beauté!.. Mais le Maître des Dieux a parlé, il veut être obéi; la Déesse vainc sa répugnance; . . . après tout, elle se promet peut-être bien des dédommagemens dans le sort qu'elle prépare à son époux.

Cependant Vulcain, enivré de délices, oublie sa forge et ne s'éloigne point de Vénus. Ce sein, que l'amour souleve de son haleine, a fixé ses desirs; la jeune Déesse est accablée de ses caresses, et ne l'en hait que davantage . . . Mal-adroit époux! tu ignores que les empressemens et l'ardeur de l'amant qui déplaît, changent la répugnance en aversion !.... Que ne tente pas l'infortunée Vénus pour éloigner Vulcain ! Le forgeron s'en inquiète et s'en irrite. Alors la Déesse dissimule; plus elle desire son absence, et plus elle le lui cache. Elle va jusqu'à le prévenir de quelques caresses; Vulcain séduit, subjugué, s'éloigne quoique à regret, et retourne à ses forges. Vénus respire, elle gémit sur son sort; le souvenir des Dieux, qui tous dans l'olympe s'empressaient de

lui plaire, aiguise, allume son imagination. . . . . » Quoi ! Vénus est l'é-
» pouse de Vulcain ! un monstre hi-
» deux a profané ses appas ! ah ! le
» destin ne m'a pas sans doute réservé
» un tel outrage, sans que la ven-
» geance ne soit permise. Quelque
» Dieu jeune et galant ne volera-t-il
» pas à ma voix pour me consoler ! . . . »
Elle dit, et croit le sentir dans ses bras ! illusion douce et cruelle ! les baisers les plus tendres semblent se glisser sur ses levres; le feu circule dans ses veines ; elle soupire de langueur, et ne rêve que ces doux combats où le bonheur est le prix de la défaite. . . . Mais ce Vulcain, ce vil boiteux paraît moins arriver au plaisir, que se hâter de l'éteindre; et ces riens délicieux, à qui l'amour donne tout le prix qu'il en reçoit, sont autant de trésors perdus pour la Déesse. . . . avide de volupté, impatiente de jouir, ses

desirs errent incertains, sur tous les Dieux; Mars le belliqueux, l'ardent Mars les fixe enfin.

Le Dieu de la guerre visite souvent les forges de Lemnos. Mais n'est-ce donc que le soin de son armure qui l'appelle dans cette isle ?... oh ! non : ses regards ont rencontré ceux de la Déesse.... Que de choses ils se sont dits ! empressement de se voir; serment de s'aimer; desir de se le dire; desir plus grand de se le prouver.... tout fut dit et le fut en un instant. Plus rapide que tout autre langage, celui des yeux ne sait rien taire, et sait tout exprimer.

Il arrive enfin le moment où les deux amans peuvent se parler sans contrainte. Vulcain est forcé de monter à l'olympe : plus rapide que l'éclair, Mars descend à Lemnos. Vénus l'attendait avec impatience, elle le reçoit avec transport; déjà il a volé dans ses bras ; elle l'y presse ; elle n'a point encore dit un seul mot ; et Mars est jonché de mille baisers. . . . Ces amans savent quel amour les consume l'un pour l'autre. Leurs langues brûlantes ne cherchent pas à l'exprimer ; elles s'efforcent d'en recueillir le fruit... Vénus la première recouvre l'usage de la voix ; et Mars sait bientôt qu'il peut être tout-à-fait heureux. » En vain » le Destin et le maître des Dieux m'ont » donné à Vulcain ; je saurai faire un » choix plus digne de moi, et braver » au sein des plaisirs leur tyrannie. » O Mars, ô mon bien ! Vénus fera » ton bonheur. »

. . . . Vénus scelle sa promesse des plus tendres baisers ; le Dieu de la guerre brûle et languit ; Vénus docile à ses desirs les partage, les couronne. . . oh ! qui peindra leurs transports ! Faibles mortels ! notre œil peut-il suivre la course de l'aigle, lorsqu'emportée par la rapidité de son vol audacieux, elle se perd dans les plaines du ciel, loin de la course étendue de nos faibles regards ?.... Deux beaux yeux, une bouche vermeille, un sein d'albâtre, ou les simples graces d'une marche libre et légère, suffisent pour nous ravir. Eh ! que sentit donc Mars en jouissant de tant de beautés réunies, dont chacune avait fait l'objet des vœux des immortels !... O Jupiter, commande aux Dieux, lance la foudre, abreuve-toi du nectar que te verse le beau Ganimède; combien Mars dans les bras de Vénus est au-dessus de toi !... Avec quelle complaisance la tendre Déesse étale aux yeux de son amant tous les trésors de sa jeunesse et de sa beauté ! La grandeur suprême vaut-elle donc cette vue ?... Vénus a quitté sa ceinture; mais son pouvoir se fait toujours sentir; la main invisible des graces l'a déliée; elles l'ont arrangée tour-à-tour; elles soulevent, écartent et rapprochent la draperie légère dont Vénus est encore couverte . . . Oh! quels soupirs ! quelles délices ! quel silence ! . . ils s'attirent, ils s'évitent pour se rapprocher, ils s'enlacent, ils ne sont qu'un : quelles sources de voluptés ne coulent pas sur les deux amans ! leurs plaisirs excèdent la force même des Dieux. . . . ils les suspendent; ils donnent treve à leurs transports pour les voir renaître avec plus de délices ! Mais toute entière au jeune Dieu qu'elle adore, Vénus s'efforce de lui rendre son triomphe plus doux. Elle lui parle de Vulcain; et que de ridicules ne lui donne-t-elle pas ? que d'adresse, que de malignité ! que d'esprit ! comme elle tourne tout au profit de son amant! tout, jusqu'aux caresses de cet odieux Vulcain, hideux jusques dans le plaisir. Chaque raillerie que Vénus décoche contre son époux, est accompagnée de quelques caresses pour Mars ; elle lui sourit ; elle cherche sa main, elle la serre ; elle y daigne appuyer ses beaux yeux avec une expression languissante et passionnée. . . . .

Mais l'heure, l'heure fatale de l'absence est venue. . . . le fougueux Mars ne consentira point à s'éloigner. . . . . et qu'a-t-il à redouter de Vulcain ? il veut l'attendre, et lui arracher la renonciation à tous ses droits tyranniques.. Cependant qui peut résister à Vénus qui demande et caresse ? ses charmes et l'amour ordonnent pour elle ; Mars soupire et s'éloigne ; il s'éloigne après mille sermens d'une tendresse éternelle. Quand Vulcain sera forcé de se rendre auprès de Jupiter, ou de diriger les cyclopes, les deux amans devenus plus passionnés par le sentiment des plaisirs qu'ils se doivent, jurent de se réunir.

Mars est retourné dans l'olympe ; il

y cherche Vulcain, et le félicite sur les faveurs que vient de lui accorder le maître des Dieux. » Hélas ! dit Vul-
» cain, ces honneurs me sont à charge;
» j'aime Vénus, toute ma félicité est
» auprès d'elle ! on m'en sépare pour
» m'appeller dans l'olympe ! J'en suis
» peu flatté en effet, répond le con-
» solateur perfide : j'ai été vous cher-
» cher à Lemnos ; mais à l'ennui dont
» Vénus m'a paru dévorée, j'ai bien-
» tôt connu que vous étiez absent. »
Vulcain ne se sent pas de joie ; et Mars sourit d'une erreur si grossière.... Mais combien ce Vulcain qu'il vient de railler va lui faire envie, lorsqu'il le verra redescendre sur la terre !

Encore embrasée des caresses de son amant, Vénus reçoit son époux avec une gaieté dont il croit que son retour est la cause. La Déesse ne peut se refuser au plaisir qui se présente à elle; son amour, ses desirs aident à la tromper ; elle croit rendre heureux son amant, et retrouve ainsi ses embrassemens dans ceux de son Époux. c'est Mars qu'elle presse contre son sein: c'est Mars qui allume ses transports ; Vénus se livre toute entière à la grossière pétulance de Vulcain ; elle ne voit plus ; elle n'entend plus ; Vulcain ose triompher et la croire tout à lui... Pauvre Vulcain ! si tu savais à qui tu dois tant de complaisance et d'ardeur !.... aveugle époux ! ce n'est point à toi que s'adressent ces baisers de feu ! tu crois prendre des plaisirs ; tu ne fais que les dérober.... Arrête ! cesse de te punir toi-même ! tes transports servent à redoubler l'amour dont Vénus brûle pour ton rival....

Vulcain attribue à sa courte absence l'ardeur de la Déesse ; il s'applaudit de cette heureuse découverte, et se promet bien de mettre en usage ce précieux secret. Les voyages de Vulcain deviennent plus fréquens, et Mars occupe sa place à Lemnos. Du sein des alarmes le Dieu des batailles se jette dans les bras de Vénus : là, les yeux levés vers elle, la tête posée sur son sein, la bouche entr'ouverte, il repaît d'amour ses regards avides, et son ame reste comme suspendue à ses lèvres : la Déesse penchée tendrement sur lui, s'abandonne à ses embrassemens, et verse dans son ame le desir et la volupté (1); le couple amoureux ne perd aucun moment : ils n'attendent pas même que le crédule époux s'éloigne assez pour que leurs brûlans soupirs lui échappent. » Que craindrions-nous, disoit Vénus ? l'imbé-

(1) In gremium qui sæpè tuum se
Rejicit, aeterno devinctus vulnere amoris,
Atque ita suspiciens, tereti cervice repostâ,
Pascit amore avidos, inhians in te, Dea, visus;
Eque suo pendet resupini spiritus ore.

LUCRET. I.

» cille se croit si sûr de moi ! si aimé ! » si fait pour l'être ; ô Mars ! cher » amant que j'adore ! viens dans mes » bras ! Vulcain seroit témoin de ma » félicité, qu'un regard, qu'un mot » me le ramenerait ! que sa crédulité » ajoute, s'il est possible, à nos plai- » sirs. . . . » Ainsi parlait Vénus, et Mars lui répondit par tous les emportemens de l'amour. . . . .

Cependant le soleil, long-temps amoureux de la Déesse des graces, observe du haut de son char enflammé son intrigue; et frémit de rage (1). Il ne respire plus que le plaisir cruel de traverser le bonheur de son rival; ces rayons immortels n'avaient pas besoin du secours de Vulcain pour

---

(1) Vidit hic Deus omnia primus.
Indoluit facto : Junoni genæque marito
Furta tori, furtique locum monstravit.

OVID. *Metam.* 4, 5.

conserver leur splendeur ; et content d'éclairer l'isle de Lemnos comme le reste du monde, il n'avoit jamais honoré ce lieu de sa présence : la soif de se venger l'y conduit ; il va chercher Vulcain et lui dit : « non je ne saurais te cacher plus long-temps l'ou-
» trage que l'on te fait ; apprend que
» toutes les fois que tu t'éloignes de ces
» lieux, Mars a soin de s'y rendre ; et
» ta fidelle moitié ne l'accable point
» de rigueurs ; instruis-toi par tes
» yeux de leur trahison infâme ; feins
» une absence ; tiens-toi caché, et tu
» verras si je suis bien informé. »

Vulcain, stupéfait d'étonnement, se rappelle les amitiés de Mars, les caresses de Vénus attristée de son absence, et peut à peine croire leur perfidie. Mille pensées confuses l'agitent tour-à-tour. L'airain qui bouillonne dans ses vastes fourneaux est plus tranquille que son cœur. Telle est sa folie. . . .

ie. . . . hélas ! c'est celle de tous les jaloux ! . . . qu'il veut s'arracher jusqu'au pouvoir de douter de son malheur : il brûle de s'en convaincre ; il va trouver Vénus, et lui annonce une absence. La trompeuse Déesse semble d'autant plus affligée de ce départ imprévu, qu'elle en ressent plus de joie ; elle s'y oppose ; elle veut l'arrêter ; elle cede enfin ; . . . mais elle presse Vulcain de recevoir les marques de son amour ; car elle tremble que ses desirs ne le ramenent, et veut les éteindre pour se livrer elle-même plus long-temps à ceux dont l'embrase l'idée de son amant. . . . Tous ses efforts sont vains ; Vulcain s'éloigne. L'instant du supplice qu'il vient de se préparer arrive bientôt. Mars est à Lemnos ; la Déesse a volé au devant de lui ; elle est dans ses bras ; elle lui donne son ame dans un long baiser, gage brûlant des délices dont elle va l'enivrer. . . .

O Vulcain, que penses-tu de ces premières caresses? tu frémis; les amans se dérobent à tes regards; mais ils sont encore présens à tes yeux; douces plaintes, tendres baisers, gémissemens voluptueux; rien ne t'échappe.... peut-être ingénieux à te tourmenter, ajoutes-tu à leurs plaisirs, pour augmenter tes douleurs.... Vulcain cede à son affliction et se traîne à la caverne des cyclopes.

» Amis..... je viens verser près » de vous ma douleur.... elle est » telle que je voudrais n'être point » immortel ». Ainsi parle Vulcain, puis il se tait : son visage pâle et défiguré exprime seul son affreux désespoir.... » Qu'avez-vous, lui dit » Bronte, le plus fier des cyclopes, par- » lez, nous sommes à vous tout en- » tiers?... Plût au destin dont la fu- » reur obstinée me poursuit, reprend » Vulcain, qu'on me marquât par-tout

» le même amour ! et de qui devais-je
» plus en attendre ! qu'ai-je aimé avec
» plus de tendresse ! cruelle Vénus !
» mon père t'a donnée à moi pour me
» tenir lieu du Ciel.... Je le trou-
» vais dans tes bras, et tu me rends
» plus malheureux que les ombres cri-
» minelles qui gémissent dans les
» gouffres du tartare !... J'ai perdu
» Vénus ! amis, jugez de ma douleur!..
» Vénus, tu n'es plus à moi, un autre
» jouit de ta tendresse.... et j'ai été
» témoin de son bonheur.... ô per-
» fide Vénus, comment te perdre !
» comment vivre sans toi ! »

Bronte, armé d'une énorme massue, s'élance et s'écrie :.... plus d'amour, plus de pitié; courons à la vengeance; et quel prix mettriez-vous encore aux caresses de Vénus? Elles seraient une nouvelle injure. Voulez-vous que riant de votre simplicité, ils disent : Vulcain est un enfant qu'on appaise avec un baiser? Qui vous arrête?... Nous ne pouvons les faire périr, ils sont immortels; mais faisons couler le sang; gravons sur le front des coupables votre injure.»... Il dit, il avance; ses yeux étincelent, et il frémit de rage, lorsqu'il apperçoit qu'on ne le suit point.

Moins bouillant que Bronte, le jeune Stérops se leve; c'est lui qui forge les traits de l'amour, et il connaît son pouvoir. » Trop sévère Bronte, dit-il,
» quelle est ta fureur? si l'on punis-
» sait les larcins amoureux, le monde
» rentrerait dans le cahos... eh! pour-
» quoi s'attrister d'un mal si commun?
» quel Dieu n'a pas à se plaindre
» du même affront que Vulcain? Dai-
» gnez écouter mes conseils, ô mon
» maître! si Vénus vous était moins
» chère, si ses appas étaient moins
» nécessaires à votre bonheur, avec

» quelle indifférence ne verriez-vous
» pas dans ses bras le dernier des habi-
» tans de l'olympe ? Modérez un res-
» sentiment qui vous en séparerait à ja-
» mais. . . . Et combien de douceurs
» ne mettra-t-elle point désormais dans
» ses caresses ? Elle laissera tomber sur
» vous quelqu'étincelle de cette ar-
» deur qu'elle a pour son amant ; et
» le Dieu de la guerre, objet de votre
» haine, travaille plus que vous ne pen-
» sez pour vos plaisirs. Qu'il la voie en
» secret dans les instans où votre pas-
» sion est fatiguée. . . . Vous, vous
» la possédez toute entière. Mars de-
» sire plus qu'il ne jouit ; et cette cer-
» titude doit vous venger de lui, dans
» le moment même où il vous offense. »

La peur et l'amour plaidaient plus éloquemment que Stérops dans le cœur de Vulcain ; il craignait Mars, il adorait Vénus : mais Piracmon plus modéré que Bronte, et moins indulgent que Stérops, vint changer ses idées au moment où il allait se résoudre à tout souffrir en silence. L'infidélité de Vénus était, selon lui, un assez petit malheur ; mais Phœbus instruit de l'aventure, pouvait la divulguer, et rendre Vulcain la fable de l'olympe. Il devait donc montrer qu'il éclairait la conduite de son épouse, et s'en venger ensuite par le mépris. Vulcain applaudit à cet avis, et ne s'occupe plus que des moyens de surprendre Vénus. Un filet invisible est préparé, et les deux amans se trouveront enchaînés au milieu de leurs plaisirs.

Vulcain, obligé de paraître devant Vénus, craint le pouvoir de ses regards. Son air sombre et pensif inquiète la Déesse. Elle pressent ses soupçons et s'efforce de les détruire. Vénus, la belle Vénus, essuie de ses mains la sueur de Vulcain, et lui prodigue les noms les plus tendres. Prêt à céder, il n'ose lever les yeux; il ne saurait ni rester ni s'éloigner. » Qu'as-tu, cher époux, lui dit Vé» nus; verse tes peines dans mon » sein; je brûle de les connaître » pour t'en consoler.... tu gardes » le silence.... malheureuse! je ne » suis plus aimée! on repousse ma » tendresse!...» Elle dit, et la perfide serre les mains du boiteux; elle attend en silence sa réponse... Mais que d'expression! que de volupté dans ses regards! encore animée du feu de l'amour qui vient de verser sur elle son nectar enflammé, ses levres ont un éclat que Vulcain ne saurait soutenir : la Déesse qui voit son trouble, redouble ses agaceries.... Mars n'a jamais reçu d'elle plus de caresses.... *Ne suis-je donc plus Vénus*! dit-elle en versant des larmes.... et Vulcain est vaincu .... Elle se précipite dans ses bras .... l'attrait du plaisir, le charme de la volupté a chassé tout ressentiment de son ame; le projet de vengeance qu'il a formé lui semble un emportement barbare .... *ah!* dit-il, *acheterai-je jamais trop cher ses faveurs?* ... O doux plaisir! que ne peux-tu point sur les foibles mortels, si les Dieux même ne savent pas se défendre de ta puissance!.... Vulcain s'éloigne enfin, plus que jamais épris des charmes dont il se reproche amèrement d'avoir voulu se priver. Il vole dans les cavernes brûlantes où se fabrique l'instrument de la vengeance; brise le filet fatal, et le fait sauter en mille éclats.... Mais l'impétueux Bronte vient rallumer son courroux; il lui peint comme autant d'outrages les caresses qu'il a reçues de Vénus; et Vulcain rassasié de voluptés, consent de nouveau à se venger d'un objet qui n'allume que faiblement ses desirs. L'enclume gémit sous les coups redoublés du cyclope, et l'ouvrage est pressé avec tant d'ardeur, qu'il est presqu'aussitôt fini que commencé. Le rets invisible étendu sur le lit de l'infidelle, est fait avec tant d'art, qu'il échappe à la vue ; et Vulcain pâlit de douleur en songeant que l'excès du plaisir des deux peut seul les embarrasser dans ses lacs (1).

Cependant la Déesse soupire après son jeune amant. Oh ! comme elle va se dédommager de sa contrainte ! Que de tendres caresses ne médite-t-elle pas pour enflammer davantage l'objet de ses desirs ! Mars auroit lieu de se plaindre, si l'amour n'avait pas gardé pour lui quelque faveur qui n'eût point été accordée à l'époux :

(1) Ferrante Pallavicino dans ses œuvres choisies a fait une dissertation pour expliquer de quelle manière ce filet avoit pu se détendre.

mais l'époux se trompe bien plus encore, s'il croit n'avoir rien à envier à l'amant. Vulcain a trouvé sur les levres de Vénus le nectar qu'y tient en tout temps rassemblé la simple fraîcheur de sa bouche immortelle. Mars, lorsqu'il en pressera les roses, y pompera l'ame toute entière de la Déesse . . . . Vulcain annonce à Vénus son départ pour Etna. Elle tressaillit de joie ; Mars est averti, et le jaloux se cache pour jouir de leur surprise. La Déesse des amours vole au devant de Mars ; elle est dans ses bras, elle excite et partage ses desirs ; affamés d'amours et de jouissance, ils s'enlacent, ils s'unissent ; leurs ames se joignent sur leurs levres humides ; elles se pressent comme leurs bouches (1). La Déesse gémit, pal-

(1) Adfigunt avidè corpus, junguntque salivas
Oris, et inspirant pressantes dentibus ora.
LUCRET. 4.

pite, bondit sous l'aiguillon de la volupté : ses mouvemens tantôt lens, tantôt impétueux, répondent à ceux de son amant fortuné ; elle presse le combat, se meurt de plaisir, rouvre ses beaux yeux à la lumière pour combattre encore, et multiplier ses caresses.... Vulcain est témoin de ces transports dont il attendait sa vengeance.... Les amans ne se sont point approchés du lit qui devait leur servir de prison ; ils n'en sont pas moins heureux ; et le mari, à la vue des beautés, des graces, des ravissemens de son infidelle, est forcené de rage et d'amour.

Cependant les amans veulent se livrer au repos, si doux lorsqu'il est appellé par les plaisirs ; et l'espoir de la vengeance se rallume dans le cœur de Vulcain. Ils s'avancent vers l'endroit fatal ; le sommeil s'insinue dans leurs paupières ; Vénus cede la première à sa douce violence, et Mars se laisse tomber dans ses bras, en prononçant le nom chéri de la Déesse .... Mais ce n'est qu'au milieu de ses embrassemens que le couple parjure peut se trouver enchaîné; et Vulcain se voit contraint de le desirer. L'instant arrive enfin .... Mars s'élance dans les bras de son amante... O pouvoir invincible des ordres du destin !.. *Quelle force inconnue s'oppose à mes desirs et me tient immobile*, s'écrie le Dieu de la guerre !... *ah* ! dit Vénus, *je suis perdue*, *je reconnais l'ouvrage de mon époux*.... Vénus gémit! Mars ne respire que la vengeance; et Vulcain, séduit par l'implacable Dieu du jour, court divulguer son déshonneur .... L'insensé pousse des cris si terribles, que l'olympe en est ébranlé : en vain Vénus le supplie de la délier; le boiteux veut jouir de sa honte; il sera satisfait . . . . Eh! lequel des Dieux condamnera la Déesse de la beauté, et ne souhaitera pas plutôt d'être ainsi surpris avec elle?

Frappés du bruit qui attriste les airs, les Immortels accourent tous à Lemnos. Les Déesses ne sont pas les dernières à se montrer; au spectacle qu'elles découvrent, elles sont forcées de détourner la vue; mais non sans parcourir d'un coup d'œil le lieu de la scène : obligées de le quitter par décence, elles feignent d'être arrêtées dans leur fuite, et, sous prétexte de chercher à s'éloigner plus promptement, reviennent sur leurs pas. Les Dieux entourent le lit où sont les amans; et Vulcain prend un plaisir stupide à les voir attroupés ainsi.... Hélas! pauvre Vulcain! ils ne veulent que te railler, et parcourir mille appas, en feignant de s'étonner que des rets qui échappent à la vue, arrêtent le Dieu de la guerre. Tous l'envient (1); les uns le félicitent à l'oreille d'un bonheur dont ils voudraient jouir au même prix; d'autres consolent Vénus.... « Ah! lui disent-ils, ce » n'est pas vous qu'il faut plaindre » en ce moment; c'est Vulcain qui » montre à tous les Dieux la preuve » de vos justes mépris; c'est nous » sur-tout qui allons être consumés » de desirs, et payer bien cher notre » curiosité ».

La Déesse éperdue de honte repousse les consolateurs, et les hait pour leurs froides railleries. Les roses de son teint se sont évanouies, et la pâleur a pris leur place. Elle cache sa tête dans le sein de Mars, et dérobe son charmant visage aux regards im-

---

(1) Illi jacuere ligati
Turpiter; atque aliquis de Dìs non tristibus optet
Sic fieri turpis. Superi risere :
OVID. *Metam.* 4, 5.

portuns des curieux. Mais le jeune Dieu, sûr qu'il n'est aucun des immortels qui ne voulût être à sa place, lance un regard fier et malin sur le boiteux ; et tous les Dieux rient de la peur de Vulcain, que les chaînes de Mars rassurent à peine. Le seul Saturne, Divinité triste et sévère, comme il convient aux vieillards, jure que si le sceptre du monde était encore en ses mains, ce serait fait des coupables. Jupiter plus indulgent, par le souvenir de ses propres amours, sourit, et dit : *quand on veut plaire, il faut être aimable* ; *Vulcain n'a point de droits de se plaindre.* Cet arrêt, prononcé par le père des Dieux et des hommes, désespère le boiteux qui maudit sa vengeance ; et les Dieux se retirent. Mercure reste seul, pour exécuter l'ordre de rendre la liberté aux deux amans .... Que de larcins ne furent point faits à Vénus par le fils de Jupiter ! . . . . Cependant, plus adroit que les autres Dieux, il hâta sa délivrance, et la Déesse de la beauté n'a point tardé à le payer de ses ménagemens. Vénus qui méprise plus que jamais son époux, n'est plus retenue par la crainte de voir ses aventures divulguées, et n'écoute que ses desirs; elle ne se borne pas même à satisfaire ceux des Dieux; de simples mortels ne lui paroissent point indignes de ses faveurs ; elle ne rebute que le seul Vulcain, et le fruit qu'il a recueilli de son indiscrétion est d'être haï plus qu'il ne l'était auparavant; digne et commun salaire de ces sortes de vengeances.

LICÉRIDE

LICÉRIDE

OU

LES NETTURALLES.

LICÉRIDE

OU

LES NETTURALLES (1).

LICÉRIDE entra brusquement dans ma chambre ; l'égarement de ses yeux, la précipitation de ses mouvemens,

(1) Personne n'ignore que certains Temples étaient devenus chez les Romains de vrais lieux de prostitution : « On sait à présent, dit Juvénal, ce » qui se passe aux mystères de la bonne Déesse, » quand la trompette agite ses Menades, et lors» qu'également ivres et de sons et de vin, elles » font voler en tourbillons leurs cheveux épars, » et heurlent à l'envi le nom de Priape : quels » transports ! quelle fureur ! Safella, la couronne » en main, provoque les plus viles courtisannes, » et remporte le prix offert à la lubricité ; mais » à son tour elle rend hommage aux ardeurs de » Médulline ; celle qui triomphe dans cet odieux » conflit est censée la plus noble : là, rien n'est » feint, les attitudes y sont d'une telle vérité, » qu'elles auroient enflammé le vieux Priam et l'in» firme Nestor. Déjà les desirs veulent être assou» vis ; déjà chaque femme reconnaît qu'elle ne

le désordre de sa chevelure et de ses habits, tout annonçait en elle une agitation extraordinaire. J'étais encore

» tient dans ses bras qu'une femme, et l'antre re-
» tentit de ces cris unanimes : il est temps d'in-
» troduire les hommes. Mon amant dormirait-il ?
» qu'on l'éveille. Point d'amant ? je me livre aux
» esclaves. Point d'esclaves ? qu'on appelle un ma-
» nœuvre : à son défaut, l'approche d'une brute
» ne l'effraierait pas. » (Liv. 11, Sat. 6, p. 314, 334.) Le Temple de la commode Isis (*Isiacae sacraria lenac*, ibid. 489) n'était pas moins connu pour être l'asyle de la galanterie, de l'amour et de la débauche.

Tout le monde a lu l'histoire de ce Romain, qui sous le nom d'Anubis, abusa d'une femme qu'il aimait. Cette anecdote a donné à Pallavicino le sujet de son petit roman, intitulé *la pudicitia schernita*, qui nous a paru peu intéressant. Le conte suivant est dans le même genre, mais plus piquant peut-être, parce qu'il est moins diffus. La scène est supposée dans le temple où se célébroient les Netturalles, instituées par Néron. On supposait que ce Dieu, lui-même, venait initier à ses mystères les Dames Romaines, qui y accouraient en foule. Ce conte a déjà paru comme un fragment traduit du latin ; il est ici fort changé.

au lit; elle s'assit près de moi; elle m'embrassait ; elle voulait parler; mais elle était trop émue, et sa bouche ne proférait que des sons mal articulés. J'aime tendrement cette aimable enfant; je crus qu'elle venoit d'essuyer quelque disgrace; j'essayai par mes caresses de lui rendre la tranquillité. Peu-à-peu elle se remit enfin, et dès qu'elle eut recouvré la faculté de parler .... » Ah ! ma » chère Leucosie, s'écria-t-elle, que » j'ai de choses à vous apprendre ! hier » au coucher du soleil, il me semble » voir Biblis, elle s'approche de moi » d'un air mystérieux; elle m'enve-» loppe la tête d'un voile blanc, et » m'ordonne de la suivre. Vous sa-» vez quelle est ma confiance en elle; » j'obéis sans hésiter; nous traver-» sons Rome jusqu'aux Esquilies; » nous entrons dans une rue étroite » et détournée; le peu de jour qui

» nous avait éclairées jusques là, nous
» abandonne; le silence de Biblis, l'i-
» gnorance des lieux, la nuit épaisse
» qui m'environnait, me pénétraient
» d'une horreur secrete .... Où me
» conduisez-vous, chère Biblis? elle
» ne me répond rien; une porte s'ou-
» vre, et nous descendons à tâtons
» par un degré tortueux, dans un
» souterrain obscur.

» O ma chère Leucosie! de quelle
» frayeur j'étais pénétrée! Biblis me
» guide quelque tems dans l'obscu-
» rité : vous êtes dans le Temple d'un
» Dieu, me dit-elle; gardez-vous, quoi
» qu'il vous arrive, de troubler par
» vos cris la célébration des mys-
» tères .... Elle dit, et s'éloigne de
» moi .... Je reste immobile, je ne
» savais que penser. De quelle nature
» sont donc ces mystères qui se cé-
» lebrent ici, me disais-je à moi-
» même? Pourquoi les couvrir d'une

» nuit si épaisse ?... Mais les Dieux » ne veulent qu'être adorés : respec- » tons leurs secrets : je suis dans leur » Temple .... Biblis m'aime trop » pour m'exposer à quelque danger...

» Cependant je prêtais l'oreille pour » démêler quelque bruit qui servît à » diriger mes pas. ... Du sein du si- » lence, qui régnait autour de moi, » il s'échappait des soupirs ; non de » ces soupirs que nous arrache la dou- » leur. ... ils alloient jusqu'à mon » ame ; mais ils y laissaient moins de » compassion qu'une émotion douce » qui semblait porter du feu dans mes » veines..... Un petit bruit s'est fait » entendre ; il semblait celui d'un pas » léger et suspendu..... il s'approche » de moi ; on prend une de mes mains. » Vous connoissez ma timidité, chère » Leucosie : seule dans un lieu où tout » me paroissait incompréhensible, » quand j'ai senti qu'une main saisis-

» sait la mienne..... ne devais-je
» pas crier?.... Cependant j'ai gardé
» le silenee pour ne pas désobéir à
» Biblis; mais je me suis efforcée de me
» dégager..... Pourquoi me fuis-tu,
» charmante Licéride ! me disait
» une voix à demi-contrainte, trop
» forte pour être celle d'une femme,
» mais si harmonieuse et si touchante,
» que ce ne pouvait être celle d'un
» mortel. Pourquoi me fuis-tu? crains-
» tu mes caresses, mes transports?
» Je suis le Dieu que l'on révère dans
» ce Temple; je dédaigne les victimes
» et l'encens qu'on offre sur mes au-
» tels; je n'aspire qu'au bonheur d'être
» aimé de toi.

» Vous êtes un Dieu, ai-je repris,
» encore plus effrayée? et qu'exigez-
» vous de moi, hors le respect et la
» crainte?.... de l'amour, belle Li-
» céride..... ah! le respect et la
» crainte, que me sont-ils? que m'est

» l'immortalité au prix de ton cœur !
» Licéride, ne trouble pas le bonheur
» d'un Dieu qui t'adore, et sois heu-
» reuse par lui ! . . . .

» Jugez de mon embarras, ma chère
» Leucosie ! que pouvait répondre une
» jeune fille à un Dieu puissant qui
» la pressoit ! car je ne doute point
» que ce ne soit un Dieu . . . . oh ! il
» n'y a rien d'humain dans toute mon
» aventure. . . . Cependant je lui ai
» dit. . . . vous êtes un Dieu ? mon
» cœur me l'apprend ; jamais l'ap-
» proche d'aucnn mortel ne m'a frappé
» du saisissement que j'éprouve : mais
» votre puissance m'alarme plus qu'elle
» ne me rassure. . . . eh ! comment m'a-
» buserais-je sur le pouvoir de mes
» charmes ? qu'ai-je à prétendre, si je
» me livre à vos transports ? jouet in-
» fortuné de vos desirs d'un moment ;
» demain je vous serai indifférente ;
» peut-être odieuse. . . . ah ! les ser-

» mens de l'amour n'engagent pas
» plus les Dieux que les hommes. — Li-
» céride, chère Licéride, ne me force
» pas à détester la grandeur suprême,
» j'en jure par l'immortalité, par toi,
» par ta beauté, par mes transports;
» je t'aime comme on n'aima jamais,
» et toi seule peux faire mon bon-
» heur. . . . Mais Licéride est muette,
» et mes feux ne consument que moi ! . .
» O destin barbare ! je n'avais que
» trop prévu mon malheur ! . . . Li-
» céride, j'ai combattu long-temps
» pour ne pas vous montrer un amour
» inutile; mais sa propre violence l'a
» vaincu. . . . Junon me favorisera-
» t-elle donc en vain? Chére Licéride,
» c'est elle qui, sous la forme de Bi-
» blis, t'a conduite ici, dans ces lieux
» qui pourraient être pour nous le
» temple de l'amour et de la volupté,
» et où je ne trouve que la douleur
» et les regrets. . . . ô ma Licéride !

» suis-je donc réduit à implorer ta
» pitié ! . . . .

» Bonne Leucosie ! le Dieu en me
» parlant ainsi, m'enlaçait de ses bras.
» Mon trouble. . . . ah ! mon trouble
» était extrême ; un baiser qu'il m'a
» donné a redoublé mes agitations ;
» j'ai voulu m'échapper de ses bras ;
» mais hélas ! le feu de ses levres
» avait déjà passé dans mon cœur. . . .
» Je m'efforçais de me dérober à ses
» baisers, ô Leucosie. . . et je ne trou-
» vais de force que pour y répondre. . .
» Le Dieu a trop bien deviné le dé-
» sordre de mes sens ! quels trans-
» ports ! quelles caresses ! . . . c'est
» le nectar, c'est l'ambrosie qu'il por-
» tait sur mes levres ; et je vous l'a-
» voue, si les desirs de mon amant
» n'eussent pas conduit plus loin ses
» efforts, mes bras n'en auraient fait
» que pour le retenir. . . . Mais hélas !
» que n'a-t-il point entrepris ? . . . ar-
» rête cruel ! qu'oses-tu ? ah ! qu'oses-

» tu ? . . . Vous savez sans doute ins-
» pirer de la faiblesse ; mais pourquoi
» me séduire ! je suis innocente ; vous
» êtes un Dieu ; soyez généreux. . . .
» laissez-moi vous fuir — Me fuir, in-
» grate ! moi qui quitte les Cieux pour
» toi ! . . ah ! s'il était de plus grands
» sacrifices ; avec quelle ardeur, je te
» les offrirais ! montre-moi des sen-
» timens plus doux ô Licéride ! . . .
» eh ! quelle mortelle pourrait me les
» refuser ? — Ah ! nulle autre ne vous
» aimera plus que moi. . . . (Chère
» Leucosie ! je n'ai pu m'empêcher
» de lui parler ainsi ; et c'est bien
» vrai) . . . . J'en atteste les Dieux
» que je crains ; je ne ressentis jamais
» ce que vous m'inspirez—Tu m'aimes,
» Licéride ! tu m'aimes ! ah ! dis-le
» mille fois ! répete-le sans cesse ! . . .
» Leucosie ! quelle ardeur a succedé
» à ces mots ! j'ai fait ce que j'ai pu
» pour lui résister. . . . Hélas ! il ne
» me laissait pas même la force de

» lui adresser des reproches. . . . eh ! » que pouvais-je faire ? c'est un Dieu; » je ne suis qu'une faible mortelle ! . . .

» Comment vous les exprimer, chère » Leucosie, ces caresses délicieuses de » mon amant ? . . . Il n'est donné qu'aux » Dieux sans doute d'être si tendre ! . . » Il m'aimera toujours, il en a juré » par le Stix. . . . Ah ! disait-il, que » deviendrais-je si j'allais te perdre ! » quel désespoir de ne pouvoir mou- » rir, si tu subissais le sort des autres » mortelles ! . . . il y va de mon re- » pos ; le maître des Dieux ne me re- » fusera pas cette grace ; tu jouiras » de l'immortalité, dont tes appas t'ont » rendue digne.... Quoi ! je serais im- » mortelle ! cher amant, je t'aimerai » donc toujours ? . . . Comme je pro- » nonçais ces mots, un bruit sourd » s'est fait entendre ; le Dieu s'est dé- » robé de mes bras : je te quitte, ô » Licéride, m'a-t-il dit, mais c'est

» pour te revoir bientôt et te revoir » immortelle ; j'en vais parler à Ju- » piter. . . . et dans le moment, il s'est » retiré.

» Quelle séparation ! ah ! Leucosie, » que j'ai souffert ! tous les plaisirs » m'ont abandonnée avec mon amant, » et des remords. . . . oui des remords » se sont fait sentir alors. Sans doute » la vertu se plaint toujours, et la pu- » deur s'alarme même des plaisirs in- » nocens. . . . Mais maintenant je ne » me reproche rien, c'est un Dieu dont » j'ai couronné l'amour, c'est à titre » d'épouse ; j'ai pour garant de sa foi » ses sermens ; j'ai sa candeur et sa » tendresse. . . . Il m'avait à peine » quittée, lorsque une voix inconnue » m'appella par mon nom : je me » suis avancé ; on ma tendu la main, » et je suis sortie du Temple. »

Licéride finit ainsi son récit, elle cherchoit dans mes yeux à pénétrer ma pensée ; j'hésitais si je devais la désabuser, prévoyant combien il allait lui en coûter de larmes. Je songeais à me tirer de cet embarras, lorsqu'on frappa à la porte à coups redoublés : Licéride y courut.

C'étoit Biblis qui s'annonça bientôt elle-même par des battemens de mains et de grands éclats de rire. Elle sauta au col de Licéride ». Nous avons » donc une Déesse de plus, lui dit-» elle en l'accablant de caresses ? L'O-» lympe ne pouvait en verité faire une » meilleure conquête. Entrez, Dieu » charmant, ajoute-t-elle en parlant à » un jeune homme qui étoit resté sur la » porte ; venez jurer de nouveau à » votre Déesse, tout votre amour, et » lui confirmer le don de l'immor-» talité ».

Elius, jeune Sénateur Romain, était le Dieu de l'aventure ; il avait longtemps aimé Licéride sans succès ; les

Netturales lui avaient donné l'idée d'une ruse que la crédulité de son amante avait favorisée. Il vient se précipiter aux pieds de la belle abusée, qui comprenait enfin combien elle avait été prise pour dupe. La pudeur et la honte couvraient ses joues de rougeur, et le dépit les baignait de larmes. Elle voulait éclater en reproches, elle voulait se débarrasser des bras de son amant; mais ses forces l'abandonnaient. » Punissez-moi, prenez ma vie, disait Elius » en la serrant étroitement; je vous » ai trompée; mais je vous aimais, » je vous aimerai toujours; vous me » méprisiez; j'étais désespéré ».

Tandis qu'Elius tâchait ainsi d'appaiser son amante, nous réfléchissions, Biblis et moi, combien l'ambition ou la vanité aident à l'amour, et quels avantages ont les Dieux et les Grands pour se faire chérir des belles.... Cependant les pleurs de Licéride commençaient

mençaient à se sécher. Elius parlait bien ; il était aimable ; il soupirait ; il versait des larmes ; les souvenirs plaidaient en sa faveur ; la belle était tendre ; la colère dure peu dans un jeune cœur. . . . la volupté et l'amour eurent bientôt noué le raccommodement.

DIANE

ET

ENDYMION.

DIANE
ET
ENDYMION.

LAS de la fatigue qu'il avait essuyée pendant le jour, Endymion dormait sur un lit de gazon et de fleurs; il dormait, et tandis que les Zéphirs le caressaient, et tempéraient pour lui les ardeurs de l'été, de petits amours descendus dans le lieu où il se livrait au repos, lui avaient ôté son cor et son carquois, et folâtraient autour de lui.

(1) Ce conte est l'imitation d'un Episode de la *Secchia rapita d'Allessandro Tassoni.* Il se trouve au 8.e chant. Le Poëte suppose que des Ambassadeurs venus de la part des Boulonnois, au camp de ceux de Modène, sont menés dans la tente de Renoppia, qui, pour les amuser, envoie chercher l'aveugle Scarpinel qui est Poëte et Musicien; il accorde sa harpe et chante l'histoire du bel Endymion. Nous citerons dans les notes les vers les plus remarquables de cet Episode.

Les yeux d'Endymion, quoique fermés, et l'éclat de sa beauté, les avaient trompés, ils croyaient voir Cupidon leur frère.

Sa belle chevelure éparse et agitée par l'air, retombait en pluie d'or sur ses joues. Les petits amours accouraient d'un air empressé, pour les écarter de son beau visage, et les rassemblaient. Les fleurs qu'ils avaient cueillies près d'Endymion, prenaient sous leurs doigts mille formes charmantes. C'était une couronne qu'ils faisaient pour sa tête, c'étaient des guirlandes et des bouquets pour son sein; c'étaient des chaînes pour ses pieds et ses mains d'albâtre (1).

---

(1) Sventolando il bel crine a l'aura sciolto,
Ricadea su le guance in nembo d'oro;
V'accorean gli amoretti, e dal bel volto
Quinci, e quindi il partian con le man loro;
E de' fiori onde intorno avean raccolto
Pieno il grembo, tessean vago lavoro,
A la fronte ghirlanda, al pie gentile
E a le braccia catene, e al sen monile.

Si l'on eût comparé la pivoine ou la vermeille anemone avec sa bouche amoureuse, et les lys ou la rose avec la fraîcheur de ses joues, ses joues l'auraient emporté sur le lys ou sur la rose ; la pivoine et la vermeille anemone eussent cédé au coloris de sa bouche amoureuse. Le vent faisait silence ; l'onde murmurait plus doucement, aucun souffle n'agitait les fleurs dont les gazons étaient émaillés ; l'air, la terre et l'eau semblaient tous dire en se taisant : *Voici l'amour qui dort* (1).

Lorsque dans les pleines du ciel, où le grand taureau s'allume aux rayons lumineux de tant d'astres, les filles d'Atlas, les blanches Pleyades font étinceler l'or de leur chevelure ; la plus grande et la plus belle de ces

---

(1) Taceano il vento, e l'onda, e da l'erbosa
Piaggia non si sentia mover bisbiglio ;
L'aria, l'acqua, e la terra in varie forme
Parean tacendo dire : ecco amor dorme.

brillantes sœurs, fait pâlir par sa splendeur celles qui l'environnent. . . . tel, parmi les herbes et les fleurs de la saison, Endymion paraît au milieu des amours; quand, déjà toute environnée des rayons du soleil descendu dans les bras de Thétis, la Déesse, qui nous guide au milieu des ténèbres de la nuit, tirant le rideau qui couvrait la scene du monde, regarda les campagnes muettes et solitaires. Au moment où elle répandait sur les violettes la rosée et la fraîcheur, ses yeux, s'arrêtèrent sur l'endroit où dormait Endymion.... un desir curieux s'empare de son ame, et elle descend du ciel. . . . .

Les amours disparaissent épouvantés à l'aspect de la Déesse; et Diane se voyant seule avec un jeune homme qui dormait, presse moins ses pas, s'arrête et regarde; le souvenir de sa virginité réprime sa hardiesse; la curiosité et la pudeur la tiennent en suspens ; déjà elle a fait un pas pour se retirer ; mais la beauté d'Endymion la rappelle (1).

Diane sent bientôt passer de ses yeux dans son cœur un feu qui s'empare de son ame, où il fait naître le desir ; elle s'approche peu-à-peu, mais tant, qu'enfin elle s'assied à côté du berger. Là, des fleurs que les petits amours avaient, en se jouant, tressées de mille manières, Diane couronne son front, elle en pare son sein. . . . Déesse que faites-vous ! c'est un poison, c'est un feu dévorant que vous y portez (2) !

---

(1) Sparvero i pargoletti, a l'apparire
De la dea spaventati ; ed ella quando
Vide il giovane sol quivi dormire,
Ritenne il passo, e si fermò guardando.
L'onesta Verginal frenò l'ardire,
E negli atti sospesa, e Vergognando,
Avea già, per tornare, il piè rivolto,
Ma richiamata fu da quel bel volto.

(2) Senti per gli occhi al cor passarsi un foco,

Les fleurs attirent la main, la main attire les baisers : Diane en imprime de brûlans sur les joues du bel Endymion, sur ses yeux, sur sa poitrine. . . . et c'est avec une telle ardeur, ses levres ont tant de peine à se détacher, que le jeune berger s'éveille en sursaut. Ebloui de la majesté qui rayonne sur le visage de la Déesse, il reste tremblant de respect et de crainte ; il veut se lever pour se prosterner à ses pieds ; mais la Déesse l'arrête et le retient embrassé. » Beau » dormeur, dit-elle, que crains-tu ? » que regardes-tu ? je suis Diane que » l'amour, le hasard et le destin con- » duisent ici. J'y viens reposer avec

---

Che d'un dolce desio l'alma conquise.
Givasi avvicinando a poco a poco,
Tanto ch'al fianco del garzon s'assise ;
E di que ' vaghi fior ch'avean per gioco
Gli amoretti intrecciati in mille guise,
S'incornò la fronte, e adornò il seno,
Che tutti fur per lei fiamma, e veleno.

» toi sur ce gazon. Ne te trouble point, » ô charmant mortel ! assieds-toi; songe » seulement à cacher dans l'ombre et » le silence de la nuit, l'ardeur que » je te fais connaître, ou crains la » colère d'une divinité puissante ».

» O vous qui êtes l'œil du monde, vous » sur qui s'imprime le flambeau du So- » leil, belle Phœbé, lui répond En- » dymion, je ne suis qu'un simple ber- » ger; mais si vous daignez signaler » sur moi votre puissance, et me tirer » de la condition des mortels, soyez » assurée de ma foi pure et sincère; je » ne cesserai de brûler pour vous; et » ce voile blanc, que mon père Etlio » donna autrefois à ma mère Calicé, » vous sera un gage de ma constance ».

En disant ces paroles il détache un voile blanc brodé de perles, dont ses épaules étoient couvertes, et le présente à la belle Déesse. Toute crainte est sortie de son cœur que l'amour enflamme ; ce n'est plus une divinité qu'il voit; c'est son amante ; et comme une fleur, qui languit au premier souffle de Borée , il se laisse tomber dans les bras de la fille de Jupiter (1).

La vigne ne serre pas si étroitement l'ormeau son infertile mari, et le lierre tortueux n'embrasse pas le pin avec plus de vigueur, que ces amans, consumés de desirs, se pressent dans leurs bras. Leurs langues dardent des traits enflammés qui pénètrent leurs cœurs, mais dont l'amour adoucit la blessure (2); paroles, regards, baisers, soupirs, caresses, enlacemens voluptueux , tout les assure d'une ardeur

(1) Porse in dono a la dea, ch'ogui rispetto
Gia spinto avea del cor tutto infiammato ;
E come fior che langue, allor ch'agghiaccia,
Si lasciava cader ne le sue braccia.

(2) Vite cosi non tien legato, e stretto
L'infecondo marito olmo ramoso,
Ne con sì forte, e sì tenace affetto
Strigne l'edera torta il pino ombroso ;

mutuelle, et les enivre des délices que connaissent seuls les amans heureux.... La Déesse leve au ciel ses beaux yeux, accuse les astres et les élémens de l'erreur où elle a été jusqu'alors, et regrette ces jours trop longs qu'elle a perdus à la poursuite des bêtes sauvages, au lieu de les consacrer à l'amour.

» Insensée que j'étais, dit-elle !
» quelle erreur m'égara le jour où je
» pris l'arc et m'enfonçai dans les bois !
» combien d'années consumées à ce
» pénible exercice, qui ne renaîtront
» jamais pour moi ! ô courses folles
» et inutiles ! ô momens sans nombre
» que j'ai perdus sans fruit ! qu'il eût
» bien mieux valu pour moi suivre l'a-

Come strigneansi l'uno a l'altro petto
Gli amanti accesi di desio amoroso.
Saettavan le lingue intanto il core
Di dolci punte che temprava amore.

» mour, que les habitans des forêts!...
» maintenant hélas ! je connais ma
» faute; je voudrais la réparer; mais
» le cruel Destin s'y oppose.... l'ave-
» nir me reste seul; il est du moins en
» ma puissance. Gardons-nous d'avoir
» encore à regretter une perte si pré-
» cieuse ! Profitons de tous ces mo-
» mens si rapides.... Mais que l'air
» et la terre et la mer entendent ce
» que j'ai résolu ! Que la loi que je
» vais prononcer exerce son pouvoir
» sur moi et sur mon sexe, aussi
» long-temps que le soleil fournira sa
» carrière ! ... Je veux, j'ordonne
» que sous le ciel qui est en ma puis-
» sance, jamais une femme douée de
» quelque beauté, ne consente à pas-
» ser sa vie sans connaître l'amour,
» sans ouvrir son cœur à cette douce
» passion. Toutes celles qui se van-
» teront désormais d'être insensibles,
» trahiront la vérité, ou tairont les

» mépris dont elles seront la vic-
» time » (1).

---

(1) O passi erranti, e vani, e male intesi,
Come al vento vi sparsi, e vi gettai!
Quant' era meglio questi frutti corre,
Ch' a rischio il piè dietro a le belve porre!

Or conosco il mio fallo, e farne ammenda,
Vorrei poter, ma 'l ciel non me 'l consente:
Restami sol, che del futuro i' prenda
Pensier, di cui mai più non sia dolente.
Però l'aria, la terra, e 'l mare intenda
Quel che di terminar già fisso ho in mente,
E la legge ch' io fo, duri col sole
Sovra me stessa, e la feminea prole.

Io stabilisco che non copra il cielo
Ch' io governo, mai più femina bella;
. . . .
. . . .
Che s'opporti con casto e puro zelo
Finir la vita sua d'amor ribella,
E che stia intatta di si dolce affetto;
Se non mentitamente, o al suo dispetto.

ANASILIS.

ANASILIS

ET

MYSICLÉE.

ANASILIS
ET
MYSICLÉE.

Anasilis eut en partage tous les dons de la nature. Vénus, de ses mains divines, forma son charmant visage, d'après celui de son fils ; les graces composèrent tous ses mouvemens, et l'amour, qui, le premier anima son cœur, y fit couler cette flamme subtile qui donne la vie à tous nos plaisirs. Anasilis habitait Sybaris. Qui ne connaît la mollesse où cette Ville est plongée? Ce bel enfant devint l'objet des desirs de toutes les jeunes Sybarites. Elles éprouvèrent pour lui des sentimens presqu'inconnus à Sybaris ; la langueur se peignit dans leurs yeux ; des soupirs leur échappèrent ; pour la première fois, elles n'osèrent dire ce qu'elles désiraient.

Anasilis se contenta de les plaindre, sans songer à les guérir. L'amour seul a de longues peines et de longs plaisirs, et l'amour n'est pas connu à Sybaris ; aussi les filles n'y soupirent pas long-temps, le plaisir qu'elles rencontrent et qu'elles ne cherchaient pas, les dédommage de celui qu'elles cherchaient et ne rencontrent point. Elles se consolèrent donc de la froideur d'Anasilis.

L'âge vint enfin où il sentit à son tour les desirs qu'il avait inspirés. Alors il regretta de n'avoir pu entendre les jeunes Sybarites ; et se plaignit de n'avoir point connu son bonheur. » Je vais aimer, disait-il, je ne le sens » que trop. Sans doute quelqu'une de » ces jeunes beautés eût fait ma fé- » licité : mais j'ai rejetté leurs vœux ; » qui voudra désormais m'écouter ! »

Qu'il connaissait peu les filles de Sybaris ! à peine ses regards tombèrent sur elles, que tous les yeux se fixèrent sur lui. Tous les amans furent quittés pour Anasilis, et s'en affligèrent peu. Anasilis ne s'en réjouit guères davantage. Né tendre et délicat, c'était un cœur libre et sensible qu'il voulait toucher. Mais il vit bientôt que ce n'était point à Sybaris qu'il fallait espérer le rencontrer. Ce rapport de sentimens, cette union des ames qui fait jouir deux amans de toute leur tendresse, en leur assurant sa durée, ne pouvait se former entre son cœur et des cœurs corrompus; mais où le chercher ce bien precieux?.. Anasilis en désespéra; et la sombre mélancolie, dont cette idée le pénétra, mit en danger ses jours. Ce fut toi, belle et tendre Mysiclée, qui rendis à la vie ce jeune homme affamé d'amour.

Élevée dans un réduit écarté, au milieu des personnes de son sexe, Mysiclée étoit destinée à devenir la proie d'un vieux voluptueux, qui lui laissait ignorer qu'il existait des hommes. Il se réservait d'instruire cette jeune beauté ; avide de jouir, du moins un instant, de sa surprise, lorsque la saison des desirs serait arrivée pour elle, il espérait l'émouvoir en l'étonnant. Anasilis, conduit par le hasard, apperçut un jour Mysiclée. Son cœur vola vers elle. L'innocence respirait dans les bras de cette enfant, et sa naïve simplicité disait assez qu'elle était sensible. Anasilis voit et soupire ; Anasilis est amoureux et le sent.

Parmi les femmes à qui Mysiclée était confiée, se trouvait Myséide ; elle avait élevé Anasilis. Le jeune amoureux la gagna aisément ; et, graces à ses soins, Mysiclée soustraite aux desirs du vieillard, fut conduite dans une maison charmante où commandait Anasilis. » J'adore Mysiclée, » disait-il à Myséide ; je l'adore ; je

» brûle de la voir et d'en être vu, » et je n'ose me montrer. Aucun » homme ne s'est encore offert à ses » regards; ma vue lui causerait peut- » être plus d'effroi que de surprise.... » Ah! je n'ose..... je n'ose me » montrer. — Et de quel effroi parlez- » vous, disait la vieille nourrice? » Mon sexe est-il donc si changé de- » puis mes jeunes ans? A l'âge de » Mysiclée, votre vue ne m'aurait pas » effrayée le moins du monde, je » m'en souviens bien. Voyez cette » belle enfant; faites-lui une douce » habitude de vous voir. — Non, » chère Myséide, la résolution en est » prise; je ne paraîtrai point devant » elle que je ne sois sûr qu'elle dé- » sire ma présence.... Secondez mes » vues. Nous lui en inspirerons peut- » être la curiosité, du moins. Vous » savez qu'on ma représenté dans mes » jardins avec les attributs de l'amour.

» Faites placer cette statue dans un
» de vos bosquets; c'est-là qu'il faut
» conduire Mysiclée, lui apprendre
» qu'il est un autre sexe que le sien,
» lui parler de l'amour, lui vanter
» ses bienfaits, sa puissance. . . . Ah!
» Myséide, dites-lui que tout l'univers
» lui doit son bonheur. Peut-être se-
» ra-t-elle attendrie, en retrouvant
» en moi les traits de ce Dieu dont
» vous n'aurez cessé de lui parler. »

Myséide applaudit au stratagême; et le projet d'Anasilis est exécuté. Sa statue est placée dans un bosquet; on y conduit Mysiclée; Anasilis caché sous un épais feuillage, observe tous ses mouvemens; il la voit tressaillir, et l'espoir fait palpiter son cœur.

» Myséide, dit la jeune Mysiclée,
» que vois-je? ah! que vois-je? au-
» cune de nous ne ressemble à cette
» image charmante.... C'est l'amour,
» répondit Myséide; c'est un Dieu

» doux et bienfaisant, qui anime la
» nature; il paraît, et les vents s'en-
» fuient; les nuages sont dissipés;
» la terre s'émaille de mille couleurs;
» le ciel devenu serein répand au loin
» la plus vive splendeur; c'est lui
» qui féconde l'haleine des zéphirs,
» qui unit les habitans de l'air, et
» les troupeaux qui bondissent de joie
» en ressentant ses atteintes (1); c'est
» lui qui répand sur ces fleurs qui
» ornent votre sein, la fraîcheur, le
» coloris, les parfums; c'est à lui que
» vous devez ces jardins, cette ver-

(1) Te Dea, te fugiunt venti, te nubila cœli,
Adventumque tuum; tibi suaves Dædala tellus
Summittit flores, tibi rident æquora ponti,
Placatumque nitet diffuso lumine cœlum;
Nam simul ac species patefacta est verna diei;
Et reserata viget genitabilis aurea favoni;
Aeriæ primum volucres, te diva tuumque
Significant initum, percussæ corda tua vi
Indè feræ pecudes persultant pabula læta.
LUCRET. 1.

» dure.... tout jusqu'à votre beauté...
» Tels sont les traits sous lesquels il
» se montre, ce bienfaiteur du monde,
» quand il daigne se communiquer
» aux mortels.... Oh! ma bonne!
» ne le verrai-je donc jamais? que
» faut-il faire pour y parvenir? ce
» que vous me dites m'inspire du
» trouble et du plaisir; que serait-ce
» donc si je le voyais ce Dieu? Qu'il
» est beau! quels regards! il me
» sourit; ah! ma bonne, il est bien
» plus beau que nous!

Mysiclée découvre sans cesse de nouveaux charmes dans cet objet qui occupe si tendrement ses yeux et son imagination. La nuit l'arrache malgré elle à cette contemplation délicieuse; et le retour du soleil l'y ramene. La statue d'Anasilis occupe tous ses soins; Mysiclée la pare de fleurs; la couvre de caresses, et lui adresse les discours les plus tendres.....

» Dieu charmant, disait-elle un jour! » où cachez-vous votre divinité ? ah ! » je le sens, vous êtes par-tout dans » la nature, vous êtes dans mon cœur » que votre main invisible fait palpi- » ter. Ne vous verrai-je donc jamais?... » Hélas ! je ne suis rien pour pré- » tendre à vos regards ; mais nulle » autre ne vous adorera comme moi!...

Anasilis transporté de joie, éperdu d'amour, ivre d'espoir et de desirs, est vingt fois tenté de se découvrir ; et s'il diffère son bonheur, c'est pour mieux l'assurer. » Otons-lui ma sta- » tue, dit-il à Myséide ; que mes » traits se gravent, s'il est possible, » profondément dans son ame, et » voyons enfin si je suis nécessaire » à sa félicité. . . . . »

L'Amour a disparu . . . . Mysiclée ne le retrouve pas . . . . quelle dou- leur ! elle pleure, elle souffre, elle se plaint à tout ce qui l'environne ;

et c'est le bosquet, maintenant veuf et solitaire, qui est encore l'asyle chéri de ses regrets et de ses soupirs. Anasilis touché de sa peine, et content du succès de son amour, descend un jour avant elle dans ce bosquet; il va se découvrir.... quelle agitation! que de craintes!... il se couche sur un gazon, et feint de dormir en voyant arriver son amante.... Elle approche, elle s'arrête.... ô surprise! ô bonheur! » que vais-je faire, » se dit-elle? oh! s'il ouvrait les » yeux, peut-être se tourneraient-ils » sur moi!... mais s'il allait s'éloi- » gner aussi-tôt!... ah! respectons » son sommeil. » Elle regarde pendant quelque temps l'amour en silence; bientôt elle s'approche plus près de lui, et s'agenouillant à ses côtés elle souleve légèrement une de ses mains; elle y imprime un baiser.... un feu brûlant s'insinue dans ses veines;

elle ne peut plus quitter la main qu'elle a prise .... elle ose la presser contre son cœur, et l'amour s'éveille .... Mysiclée tremblante se prosterne et s'écrie :» Dieu puissant, fils de Vé-
» nus ! O Dieu que j'adore ! pardon-
» nez à ma témérité .... ah ! je n'ai
» pas la force de m'en repentir; mais
» ne m'accablez pas de votre colère. »
— » Chère Mysiclée, lui dit Anasilis qui l'a relevée, et qui lui-même est à ses genoux, » je t'ai trompée, je
» ne suis point un Dieu ; je ne
» suis qu'un simple mortel ; mais ton
» amant est le plus tendre des amans ».
— » Qui que vous soyez, répond la
» jeune Mysiclée, votre vue me char-
» me ; je n'ai point encore apperçu
» d'être qui vous ressemblât .... ah!
» vous me trompez, et la joie douce
» et pure qui pénetre mon ame, me
» dit que vous êtes un Dieu. Mais
» si vous rougissez de vous abaisser

» à visiter une faible mortelle; si telle » est la cause de votre déguisement ; » cachez-moi votre grandeur, et ne » me privez pas de votre vue ». . . . Anasilis transporté d'amour, ne répond à son amante que par des caresses brûlantes, qui la persuadent mieux encore qu'un Dieu peut seul la rendre si heureuse . . . . » Quels » plaisirs nouveaux faites-vous naître » pour moi, dit Mysiclée ! . . . . *Il* » *en est de plus grands*, lui répon- » dit-il. . . . » Elle ne pouvait le croire. Les transports d'Anasilis la forcèrent d'en convenir. Chaque jour voyait éclore pour elle une autre jouissance ; et cette volupté toujours renaissante et sans cesse plus vive, ne servit qu'à prolonger son erreur ; le respect qu'elle croyait devoir à son amant, mettait dans ses caresses une sorte de contrainte.

Le jeune Sybarite s'en apperçut, et

son amour en fut attristé. » Je ne „ suis point heureux comme je pourrais » l'être, dit-il a Mysiclée ; et c'est » ce qui manque à ton bonheur qui » trouble ma félicité — Eh ! que peut-» il manquer à mon bonheur, ré-» pondit-elle, si vous m'aimez tou-» jours ! . . . . ah ! si je t'aime ! le » Dieu même pour qui tu t'obstines » à me prendre, ne pourrait sentir » plus d'ardeur ; mais tu crains qu'une » grandeur qui m'est étrangère, ne » me fasse cesser de t'aimer ; et c'est » cette crainte qui m'afflige. Mysi-» clée, ton erreur vient sans doute » de ce que tu ne connais que moi » de tout mon sexe ! ah ! si je ne » t'avais pas laissée dans ta naïve » ignorance ; j'aurais tremblé qu'un » autre plus heureux ne trouvât le » chemin de ton cœur. Je veux te » détromper ». . . . La tendre Mysi-clée ne put retenir ses larmes, quand

elle apprit qu'il fallait se séparer pour quelques jours d'Anasilis, et qu'on allait la conduire à Sybaris. — » Vas,
» mon amante, vas recevoir l'hom-
» mage de mille et mille adorateurs
» qui te tiendront le même langage
» que moi; ils te diront peut-être
» mieux qu'ils t'aiment; mais crois-
» en ton amant; ils ne t'aimeront
» pas de même ».

Mysiclée fut conduite à Sybaris; à peine y put-elle rester trois jours; elle revint plus passionnée et plus attachée que jamais à son erreur : la mollesse des Sybarites, leur fatuité, leur jargon, leurs prétentions, ressemblent si peu au langage, à la tendresse, à l'ardeur de son Anasilis, qu'elle prit les Sybarites pour des hommes, et son amant pour le Dieu qui fait aimer. L'heureux Anasilis ne s'efforça plus de détruire une erreur qui lui répondait de la constance

tance de Mysiclée. Le temps et les douces familiarités de l'amour la rendirent plus libre dans ses caresses. Tant que dura sa délicieuse illusion, elle aima Anasilis comme le plus aimable des Dieux, et se crut la plus heureuse des mortelles. Quand l'âge et la raison vinrent dissiper son erreur, leurs plaisirs n'en furent point altérés; et elle dit à son amant : *je ne me trompais pas en te prenant pour un Dieu : tu es celui que mon cœur adore.*

LARISSE.

LARISSE (1).

Je servais dans la maison d'un citoyen Romain avec un jeune esclave Grec, à qui la passion de voyager avait coûté la liberté, et fait trouver des fers sous un ciel étranger. On démêlait aisément dans ses traits combien son éducation et sa naissance étaient au-dessus de l'état auquel le sort le condamnait. Rempli de graces dans tous ses mouvemens, il ne pouvait s'acquitter adroitement du moin-

(1) L'idée de ce conte est due à Théophile Viaut, ce Poëte Français du seizième siecle, connu par ses malheurs, ses vers, sa Pyrame et Thisbé, et sur-tout *son Parnasse des Poëtes Satyriques* (1625 in-8.°, en lettres italiques). Le conte qu'il a écrit en latin et intitulé *Larisse, histoire grecque*, respire le goût de l'antiquité; mais il y a des longueurs. On l'a traduit, abrégé et écrit d'un style plus vif, enfin arrangé dans l'espoir de le rendre plus piquant.

dre emploi servile ; il pliait sous le plus léger fardeau ; mais malgré sa faiblesse, il montrait un grand courage. Il avait su conserver de la liberté d'esprit au milieu de ses fers, et s'accommoder à sa situation : mais un cœur généreux ne s'habitue point à la servitude.

Ses forces épuisées par une vie dure, un travail inaccoutumé, et minées par des chagrins, l'abandonnèrent tout-à-coup ; il tomba dans une langueur mortelle : ses beaux cheveux blonds, autrefois l'objet de sa complaisance, flottaient en désordre sur ses épaules ; il avait perdu toute sa vivacité, sa fraîcheur et son éclat ; ses yeux ternis annonçaient ses douleurs, et la pâle maigreur qui suit la mélancolie, le défigurait absolument ; une ardeur intérieure le dévorait. Une inquiétude continuelle, mêlée de gémissemens et de sanglots redoublés, le jour et la nuit, épuisaient cet infortuné (1) qui dépérissait chaque jour.

Touchée de ses malheurs, de ses peines, de ses souffrances, je me plaignais de l'injustice du sort, et m'efforçais de le consoler, ou du moins d'adoucir ses maux. Je le prévenais sur tout; je faisais son ouvrage; je lui procurais du repos; enfin j'étais devenue volontairement son esclave, et je le servais comme mon maître.... il m'intéressait tant!... Quoique abattu par sa condition nouvelle et sa mauvaise santé, je ne sais quoi de grand et d'élevé semblait me commander en lui. Ce jeune homme

---

(1) Erat anxius angor
Assiduè comes, et gemitu commista querela,
Singultusque frequens noctem per sæpè diemque
. . . .
. . . . defessos antè, fatigans.
Lucret. 6.

bien né fut touché de mes soins, et sa dignité naturelle embellissait encore sa reconnaissance. Il me remerciait avec tant graces ! son esprit était si doux ! son caractère si aimable ! sa phisionomie altérée, mais non détruite, si séduisante ! que je passai bientôt de la compassion à l'amour...

Le commencement de ce récit rendit tout le monde attentif à ce que disait Larisse. Mais deux jeunes filles sur-tout, avides de l'entendre, feignaient cependant d'être distraites... car comment à leur âge écouter une histoire amoureuse ? Elles affectèrent d'abord de détourner les yeux ; puis les fermant peu-à-peu, en laissant tomber doucement leur tête, on eût dit que le sommeil les gagnait réellement .... Les rusées ne voulaient que se livrer avec plus d'attention au récit de la vieille ; car leurs oreilles étoient aussi éveillées que leur imagination. Larisse s'arrêta un moment pour observer leur manege. Une de ces jolies dormeuses ne put résister à un mouvement de curiosité qui lui fit jetter un regard sur la vieille ; mais comme si ses yeux éblouis par les images confuses d'un songe, se fussent ouverts machinalement, elle les referma bien vîte. L'autre fille se laisse tomber de son siege, et se réveille en sursaut : *quoi donc !* dit-elle, *est-ce qu'il fait jour ?* . . . Mais une rougeur subite la trahit ; on rit ; les jeunes enfans rougissent à l'envi ; et pour les punir de leur fausse pudeur, Larisse veut qu'elles s'asseyent plus près d'elle.... » Venez, » venez, dit-elle, belles scrupuleuses, » on permet une fois le jour un peu » de folie à la jeunesse » . . . . Et la vieille reprend ainsi la suite de son histoire.

L'amour qui semblait n'avoir pas

fait à mon cœur une blessure profonde, en fut bientôt le tyran : ce n'était plus ce Dieu séducteur qui m'avait paru si doux, mais un maître cruel, qui, fier de sa victoire, en exerçait tous les droits : un feu violent bouillonnait dans mon sein ; et mes soupirs brûlans, et mes larmes enflammées, loin de me soulager, servaient d'aliment à ma tendresse... Hélas ! je me plaignais de l'amour, et je lui adressais mes vœux ! amour ! fatal amour ! fievre funeste ! fléau redoutable des mortels ! pourquoi viens-tu troubler mon repos, et consumer ma vie ?... Amour ! mon cœur désavoue les plaintes insensées que ma bouche profère ! fils de Vénus, je t'adore : pardonne à mon délire ! fais que mon cher Gilson réponde à mes vœux !... Que de colombes ! que d'encens je porterai sur tes autels !

C'était dans ces agitations que je

coulais mes jours; une blessure mortelle abattait mon ame et mes sens; le sommeil fuyait mes paupières; et ma passion furieuse m'asservissait comme une esclave. Gilson me paraissait plus beau de jour en jour; son entretien m'était plus cher : il semblait recouvrer la vivacité que je perdais; l'habitude de souffrir avait émoussé l'amertume de ses maux; ses traits avaient repris leurs belles formes; son teint brillait d'un nouvel éclat. Vénus, la Vénus d'Apelles offrait moins de charmes .... et moi je dépérissais chaque jour : une invincible timidité me contraignait à cacher le feu qui me dévorait; la pudeur commandait à l'amour en expirant sous ses coups.

Cependant Gilson voit succomber à son tour cette infortunée à laquelle il se croyait si obligé : son cœur sensible en fut pénétré de tristesse; il ne pouvait retenir ses larmes, et s'empressait de me rendre les soins dont ma tendresse l'avait prévenu.

Un jour (c'était celui consacré à Vénus) nous soupions ensemble selon notre coutume. J'avais les yeux attachés sur Gilson ; et mes regards en disaient plus sans doute que n'aurait osé ma bouche. » Ma chère Larisse, » me dit-il, que ne me confiez-vous » vos chagrins ? ah ! vous ne savez » pas combien il me serait doux de » les partager ! quelle tristesse ! et » que vous êtes cruelle de la renfermer » dans votre sein ! . . . Larisse ! vous » ne prenez aucune nourriture ; mon » attachement ne vous est donc rien ? » voulez-vous que je vous perde ? » voulez-vous que mon cœur recon- » naissant ne puisse s'acquitter envers » vous ? Ah ! chère Larisse, conservez- » vous pour Gilson ! . . . . » Dieux ! comme ce langage allait jusqu'à mon cœur ! comme il semblait justifier mon amour et nourrissait ma passion ! . . . Je me tus, oui je me tus encore ; mais je sentis qu'il fallait ou périr ou parler ; je sentis qu'il fallait être aimée ou cesser de vivre.

Le lendemin, je prévins Gilson ; il était encore sur son lit ; l'amour est moins beau ; Vénus est moins tendre qu'il ne me le parut alors . . . mon cœur volait sur ses levres ; il s'élançait hors de moi ; un torrent de larmes vint me soulager et m'enhardir . . . . » Gilson, tu veux savoir la » cause de mes maux . . . . L'amour » me consume hélas ! cet amour est-» il partagé ? . . . . » Je prononce ce peu de mots et je cache ma tête dans mon sein. Gilson m'entend, Gilson m'avait devinée . . . . sa joie, ses caresses, ses transports m'apprirent mon bonheur et en furent le gage . . . . Que vous dirai-je de plus ? O jour délicieux que je regrette encore ! tu me guéris de tous mes maux ! tu me donnas une nouvelle vie, un nouvel être ! Heureuse de mon bonheur, heureuse du bonheur de Gilson, je goûtai librement toutes les délices d'une tendre union... Jeunes gens, l'âge vous le permet, et l'amour vous l'ordonne. Jouissez comme moi de votre printemps; et que tous vos momens filés par la main des amours, vous préparent une agréable automne, afin qu'un voluptueux souvenir, vous retraçant vos plaisirs passés, vous aide à supporter le poids de l'ennuyeuse et froide vieillesse.

L' I S L E
DES PÊCHEURS.

L'ISLE

DES PÊCHEURS (1).

Une veuve venait de perdre son mari ; il était Gouverneur de l'Isle des Pêcheurs, et elle ne l'avait jamais tant aimé, cet adorable époux, que depuis sa mort. La belle inconsolable prend en horreur toute société, et ne peut souffrir auprès d'elle qu'une de ses femmes avec laquelle elle s'entretient sans cesse de sa douleur. Retirée au fond d'une grotte sauvage, elle n'en sort que pour aller pleurer sur le bord de la mer.

Un pêcheur mélancolique, qui se

(1) Ce conte a quelque rapport avec la Matrone d'Ephèse ; mais on aura beau plaisanter, la Matrone grecque tient une conduite vraiment fort odieuse, et notre veuve est tout simplement une femme.

plaisait à s'écarter des autres et à pêcher seul, vient se placer un matin sur la pointe d'un rocher voisin de celui qu'habitait Dircé. Ira-t-elle voir pêcher cet homme, elle qui ne veut prendre aucune espece de distraction ? .... Après tout, la pêche est un exercice taciturne, qui ne peut qu'augmenter la tristesse de ses rêveries, et ce spectacle convient à sa douleur : voilà du moins ce que lui dit la nature, plus opiniâtre et plus éloquente que le plus ferme courage. C'est d'abord la pêche que regarde Dircé ; mais c'est bientôt le pêcheur. Il était, nous l'avons dit, mélancolique et sombre. Les malheureux sont sensibles. La belle veuve en eut pitié. Ce sentiment, aiguisé peut-être par la curiosité, la conduit auprès de lui; elle s'approche; elle pleure: le pêcheur, qui ne savait apparemment que dire, pleure aussi; et telle fut, pour cette fois, toute leur conversation. Dircé rentre dans son rocher; et le pêcheur retourne dans sa caverne.

Toute la nuit, Dircé pensa à son mari; mais malheureusement .... quelque malin dira *heureusement* ... pour elle, elle n'y put penser sans pleurer, ni pleurer sans se souvenir de celui qui avait pleuré comme elle. Peut-être crut elle que les pleurs de deux affligés seraient un hommage plus digne de son époux. Quoiqu'il en soit, elle retourna à l'endroit de la pêche. Le pêcheur y était dès le point du jour; les larmes de la veuve l'avaient dégoûté de la solitude; et déjà il avait résolu de la consoler. Il était ingénieux; son amour naissant lui donnait plus d'esprit encore; d'abord il pleura, et Dircé pleura: puis elle entendit ces mots doux et flatteurs: » O Dircé! belle Dircé!

» combien vous avez raison de pleurer
» votre époux ! c'était sans doute le
» plus honnête et le plus aimable des
» hommes ! »... et ses larmes coulent
» avec plus d'abondance. » Hélas !
» répond Dircé, vous le connaissiez
» donc ? — Très-peu, Madame ; mais
» il ne pouvait être autre que je le
» dis ; et j'en suis bien sûr à la ma-
» nière dont vous le pleurez. Ah !
» qu'un homme qui inspire de si
» tendres regrets devait être heureux
» et passionné ! »

Je n'ai point retenu les autres discours du galant pêcheur ; mais je lis dans une vieille chronique, et sans la chronique j'aurais deviné que la belle bénissait presque le sujet de l'affliction qui lui avait attiré un tel consolateur. Faut-il l'avouer enfin ? elle en vint à l'aimer ; sans le croire ou sans le dire. Fière comme elle était, il aurait fallu repousser son hommage, et ce n'était pas son dessein. Il était plus décent, plus généreux, plus commode de ne rechercher, qu'à cause du mort, la compagnie du vivant.

Le pêcheur adroit comprit le manege de la belle, il se prêta à ses vues ; mais pour les accommoder aux siennes, il résolut de gagner la confidente, lui donna beaucoup, et lui promit davantage si elle faisait recevoir ses vœux et réussir ses projets. Une suivante qui résiste aux présens, est à-peu-près aussi rare qu'une veuve qui ne se laisse point consoler ; et le pêcheur devait séduire, puisqu'il parlait si bien à chacun son langage. La suivante le servit donc, et dès le soir même de la confidence.

Sa maîtresse rêvait profondément au pêcheur : elle lui prend la main, et feignant d'y démêler l'avenir, elle jette un grand cri : » qu'as-tu, lui » dit Dircé, et quel malheur si ter-

» rible ai-je donc à craindre ? . . . —
» Quel malheur ? ah ! Madame, il
» est affreux ! . . . . Madame je lis
» ici. . . . . non, je n'ose le dire —
» Je te l'ordonne — Eh bien ! Madame,
» vous êtes destinée à vous remarier ;
» ce mot de *remarier* irrita si fort
» Dircé, que la suivante eut voulu
» le retenir, mais il était lâché. »
» Je voudrais me tromper, Madame,
» continua-t-elle d'un air consterné ;
» mais hélas ! l'événement a toujours
» justifié les prédictions que j'ai faites.
» Je ne vous dis point que vous de-
» sirez de vous remarier. . . . . Le ciel
» m'en préserve ! . . . Je sais trop quelle
» est votre affliction, et combien vous
» avez en horreur l'idée d'un second
» hymen ; mais ce que je vous dis,
» Madame, c'est que votre destin vous
» y appelle. — Taisez-vous, lui dit
» Dircé » . . . . La suivante se tut,
et Dircé devint plus rêveuse.

Le lendemain elle se rendit à son ordinaire où pêchait celui qui avait si bien partagé sa douleur. Instruit par la suivante, il ne parut point, et son absence inquiéta Dircé, comme il s'y était attendu. Le lendemain il ne parut pas davantage : inquiétude nouvelle; inquiétude plus vive.... Le troisième jour, à peine est-elle maîtresse d'elle. » Mais pourquoi, dit- » elle, à sa suivante, cet homme ne » vient-il plus ? il prenait part à ma » peine; sa présence me soulageait.... » Après tout il m'intéresse assez peu; » mais je serais fâchée qu'il lui fût » arrivé quelqu'accident, et curieuse » de le savoir. Je dois ce sentiment » à la reconnaissance.... » A un signal convenu le pêcheur se montre. Il semblait plus mélancolique encore que de coutume, et Dircé qui n'avait pu dérober la joie que lui causait son retour, s'en attriste. La suivante s'apperçoit de son trouble, et l'augmente encore ». Ah ! Madame, lui » dit-elle, cet homme est à plaindre » plus que vous ne pensez; et si » je ne craignais de vous irriter, j'en » appellerais à votre bonté naturelle, » et vous prierais de lui faire trouver » dans vos discours une consolation » qu'il ne vous a point refusée; il » semble que sa tristesse augmente » à mesure qu'il vous regarde. . . .

Dircé, honteuse de son amour pour un pêcheur, et presque sûre qu'elle est devinée, fuit, fermement résolue de ne le plus voir. Ce dessein, qu'elle exécuta pendant quelques jours, ne servit qu'à la faire songer davantage à celui qu'elle voulait oublier; elle le revit, et ne put lui cacher sa tendresse, ni consentir à couronner son amour. Le rusé pêcheur eut recours à un nouvel artifice qui la jetta dans ses bras.

Parmi les plantes que produisait l'isle, il en était une si redoutée des poissons, qu'ils fuyaient dès qu'ils en sentaient l'odeur. Le pêcheur en exprima le suc, et toutes les nuits, il en frottait les filets de ses camarades. Il n'y a plus que lui qui prenne du poisson; les habitans qui ne vivaient que de leur pêche, sont désolés, et l'on consulte l'oracle. Sa réponse dépendait du Sacrificateur : le Sacrificateur aimait la suivante; la suivante voulait du bien au pêcheur; l'Oracle fut complaisant, et déclara que la pêche était ruinée pour jamais, si la femme de l'ancien Gouverneur ne donnait la main au pêcheur aimé des Dieux, qui seul avait vu ses filets se remplir. On députa vers Dircé. Qu'exige-t-on d'elle? combien l'ordre des Dieux est sévère! quel sacrifice à faire à leur volonté suprême, que celui de sa douleur, d'un sentiment si juste et si cher ! . . . . Il fallut obéir cependant.

Dans un de ces momens où le plaisir enchaîne la prudence et commande à la discrétion, le nouvel époux ne put garder son sécret, et avoua à Dircé son stratagême, bien innocent, puisqu'il était aimé ! Cet aveu le rendit plus cher à ses yeux; et l'homme à qui l'amour avait pu inspirer un dessein aussi opiniâtre de la posséder, ne lui parut plus un simple pêcheur; mais un amant passionné et digne d'elle.

NOUVELLE

EXTRAITE DES JOURNÉES

DE JACQUES YVER.

NOUVELLE

EXTRAITE DES JOURNÉES DE JACQUES YVER (1).

N'a gueres en la ville de Padoue deux écoliers se rencontrerent, lesquels s'allierent d'une fort étroite amitié. L'un étoit de Poitiers, et l'autre de Xaintes. Un jour se voyant de bonne aventure quelqu'argent reçu par la banque, ils s'aviserent que c'étoit grande folie à eux d'estre venus si loing pour étudier,

(1) Jacques Yver, gentilhomme Poitevin, écrivait au 16.e siecle. Son ouvrage intitulé *le Printemps d'hiver, contenant plusieurs histoires discourues en une noble compagnie, au château de Printemps* (Paris, 1572, in-16, chez Abel Langetier, ou 1598, Niort, chez Thomas Portieu), lui fit une réputation. L'Auteur suppose que trois gentils-hommes qu'il appelle les *sieurs de Belacueil, de Fleur-d'Amour et de Ferme-Foi*, arrivent dans

veu qu'ils le pouvoient aussi bien faire en leur pays, où le latin étoit tout de mesme qu'ailleurs; partant que ce seroit bien plus finement fait, s'ils alloient un petit voir le pays pour remarquer les curiosités d'Italie; ce qui fut délibéré et exécuté si promptement, qu'en moins de six mois il n'y avoit courtisanne en toute la contrée qu'ils ne cogneussent mieux que l'argent de leurs bourses, lequel s'envolant avec le bon temps, jouoit la fausse compagnie à ses chevaliers errans.

---

un château qu'a élevé par son art la Fée Mélusine, et où demeurent trois Dames qu'il appelle l'une *Marie*, l'autre *Margueritte*, la troisième *la Dame du Château*. On entre en conversation, et l'on débite des historiettes. Le conte suivant en est une dans le goût de Bocace : nous avons cru que son style naïf et qui ne manque point de finesse, pourrait faire plaisir; et nous l'avons conservé, en abrégeant d'ailleurs la narration de Jacques Yver, pour la rendre moins languissante.

Mais fortune jalouse de ce folastre contentement, coupa la traine de leurs plaisirs. Lettres furent apportées au Poitevin nommé Claribel, par lesquelles un sien oncle lui mandoit qu'il s'en retournast en haste pour gouverner sa maison au lieu de son père, qui, depuis peu de jours, étoit passé de cette vie en l'autre. Qui fut dépité, ce fut nos deux compagnons; car ils étoient sur le point de faire leurs plus beaux coups, et alloient s'embarquer en gondoles pour aller à Vénise au carnaval : quand ce courier arriva, on pleura, on jura, on voulut partir, on ne le voulut point; mais force fut enfin de se séparer, avec espoir toutefois de se revoir. Parquoi s'embrassant et disant l'adieu, le poitevin laissa son compagnon héritier de ses amours ultramontaines.

Or, se partit Claribel, qui, pour n'estre trop chargé de loix, à grandes journées arriva à Poitiers, où, après complimens consolatoires, fut parlé de le marier. . . . . Claribel pria ses parens faire comme pour eux, ayant agréable ce qu'ils auroient conduit. Ainsi en tout ce trafic il n'eut peine que de dire oui. A peine marié il changea de façons, comme c'est de coutume, et voulut faire du résolu, proposant d'avoir un estat de Conseiller, et pour cet effect il entreprit un voyage à la Cour.

Or, laissons Claribel aller à Paris, et retournons en Italie, voir que fait le bon Floradin, où nous le trouverons avec la Signora s'occupant à tout autre exercice qu'à remuer des livres: mais son père aussy le manda; et il eut à repasser les monts; ce que plein d'empressement l'obéissant fils exécuta avec tant de diligence, qu'il n'eut loisir de satisfaire à ses créanciers qui encore l'attendent et le le quitteroient des intérests. De retour à Poitiers où son père poursuivoit un procès, il voulut bien montrer qu'il avoit vu du pays, et s'amusa à faire le casanier, disant qu'estudier estoit faire à ceux qui ne savoient rien; son plus privé soin fut donc de se trouver ès festins et bals : puis en peu de temps fit mestier eslire entre les Dames une qu'il estimast mieux meriter son service; car de vivre sans courtoiser, autant lui eust valu mourir. Estant donc un jour en un banquet, il contempla les beautés de la ville, où se voyant au choix il fut en grande peine; car si l'une lui plaisoit pour sa jeunesse verdelette, l'autre ne lui revenait moins, monstrant jà une fleur parfaite. Mais enfin comme un papillon voletant de fleurette en fleurette, s'il est empoigné par un enfant qui derrière le suit, se trouve les aisles rognées de si près, qu'il demeure dans la main ouverte sans plus pouvoir fuir ; ainsi cet amant couché au giron des Damoiselles, se portoit ores à l'un, ores à l'autre, quand une jeune dame lui descochant une œillade, lui ôta la liberté de courir plus outre.

Cette Dame étoit la nouvelle épouse de Claribel, laquelle sentant encore la nopce, n'avoit rien laissé au coffre de ce qui pouvoit avantager sa beauté. On voyoit dans l'albastre de ses joues le vermillon qu'elle avoit pris avec la qualité de femme, sans avoir pour cela perdu son rang coustumier parmi les filles, ni laissé leurs folastres contenances. Nostre amant ne songea plus à part soi qu'à entretenir sa nouvelle maîtresse, sachant qu'il n'y a remede autre qu'amour réciproque, qui puisse guérir le mal qu'un œil fait à l'autre. Mais le pauvre Floradin, s'enquérant de son hostesse quelle estoit la jeune Dame, ne mit peine à recognoistre qu'elle appartenoit à Claribel ; de sorte que comme un navire poussé de deux vents, ores il maudissoit ses desirs contraires à l'amitié, ores il louoit son heureux destin, qui l'adressoit à si gente personne.

En moindre es moi n'estoit point la Dame; car bien que ses parens l'eussent mariée de corps, si n'avoit-elle esté mariée de volonté. » Dça, se disoit-elle, » quel ennemi de mon repos m'a si es- » trangement charmée en ce banquet, » que je ne peux dormir ? Las! je con- » nois bien maintenant que ce mien » malheur m'a esté occasionné par moi- » mesme, pour avoir trop veu ». Puis elle vouloit mettre celui dont la pensée la tourmentoit, en oubli : puis l'amour lui représentant la gentillesse de Floradin, la faisoit desdire de tout. » Il est bien vrai, pensoit-elle, que » s'il y a créature pour laquelle on » deust faire quelque chose, cestui-ci » le mérite. Ah! pleust au ciel, ami,

» que tu fusses venu plutost ou jamais! Mais hélas! tu es venu trop tard, et un autre a moissonné ton espérance! un, qui, lassé de nos jeunes ébats, est allé se donner du bon temps ailleurs, jouissant du privilége que les hommes, faisant les loix, se sont donné, se licenciant de faire ce que tant estroitement ils nous défendent ».

Tandis que l'épouse de Claribel se plaint ainsi : Floradin, après avoir bien débattu à part soi, se résoud à sonder le gué, et tascher d'en avoir pied ou aisle; et comme il se trouvoit logé près d'elle, il la surprit un jour qu'à fenêtres ouvertes elle peignoit sa belle chevelure, et trouva moyen d'ensemble deviser, et l'amena jusqu'à souffrir qu'il lui donnast une lettre. Là, il se plaignoit des maux que pour sa beauté il enduroit, et la requéroit d'amoureuse mercy.

Qui a vu sur la prime-vere, faire pluie et beau temps tout en un coup, il voit la contenance troublée de la Demoiselle, après avoir leu et releu d'un œil ores riant et ores baigné de larmes, les lettres de son ami. Un second entretien vint haster la fin de l'aventure. La belle y laissa voir qu'elle estoit en doutance pour la discrétion de celui qui disoit l'aimer; et ne resta court Floradin; ains la rassura de son mieux par paroles mignardes, par sermens, voire mesme en versant des pleurs. Durant ces propos, amour qui s'estoit mis en embuscade, plongeoit ses aisles aux larmes de l'amant, et les desséchoit en la bruslante poitrine de la Damoiselle, qui à l'heure, mettant toute crainte sous le pied, et serrant estroitement la main du galant, elle lui dit : » ami, je ne sais » où je devrai chercher fiance, si je » la perds en vous; mais la commo-

» dité de vous dire davantage nous
» est ostée par la compagnie qui est
déjà grande ici. Parquoi remettons
» le tout à ce soir »; . . . car c'estoit au matin : et sur ce rendez-vous se séparèrent en aussi grand contentement que ceux qui ont déjà la moitié du bien qu'ils espèrent.

Et le soir arrivé, Floradin, sa Dame qui estoit avec une bonne vieille sienne tante : or après la courtoise révérence donnée et reçue d'entrée, il amene en jeu la bonne ancienne cognoissance qu'il avoit avec Claribel, ce qui le mit fort avant aux bonnes graces de la vieille tante; tant babillèrent, que la nuit contraignit Floradin de se retirer; il est conduit par la jeune Damoiselle, laquelle donne ce prisonnier en garde à sa fille de chambre qu'elle avoit engagée à lui estre fidelle, et qui bien instruite de son personnage, le mena par une galerie desrobée dans le jardin. Le plutôt que put la Dame, vint d'un pas mal assuré toute embrasée d'amour, et toute gelée de crainte, vers l'ennemi qui l'attendoit de pied coy. O quelle nuit! quand nos deux amans se coururent embrasser estroitement, comme pigeons qui bec à bec gémissent leur amour! si qu'ils ne pouvoient parler que par soupirs, et leurs cœurs pantelans battirent l'allarme du combat qui s'ensuivit. Lors, ô combien de douces querelles, combien de soupirs interrompus, de languissantes complaintes, de bégayemens, parmi un nombre infini de baisers incertains; enfin amour sonna la retraite, sans dire qui avoit le meilleur, et donnant à chacun sa moitié du triomphe; après un long baiser Floradin print congé, et sortit par une petite porte ouvrant sur une ruelle écartée, où delà en avant fut donné le rendez-vous.

Assez long-temps dura cet ébat, tant qu'il fallut que Floradin retournast avec son pere à Xaintes. De son côté Claribel revint à Poitiers, où il ne print point tant sa jeune femme au dépourveu, qu'elle n'eust bonne provision de mignardises et caresses pour le bien festoyer ; de sorte qu'on eust dit que c'estoit des secondes nopces ; mais cette bonne chere ne dura guères. Si c'est une chose dangereuse que de parler, d'autant que petite parole attise grand courroux ; il est beaucoup plus dommageable d'écrire, car une parole dite se peut amender, étant niée tout à plat, où l'escriture demeure à toujours. On se souvient que Floradin avoit écrit à la femme de Claribel. L'époux vint par hasard à les trouver. Tuer la perfide, étoit chose périlleuse, n'y ayant preuve pour la convaincre ; de la répudier, n'y falloit pas penser, s'il ne vouloit estre mocqué. Il s'avisa enfin de prendre tout l'argent, et mesme d'en emprunter sur ses biens. Si, qu'ayant fait sa main, il monte à cheval avec un sien serviteur, disant à part soi, que puisque sa femme avoit fait des siennes, il joueroit son rosle à son tour. La pauvrette ne put douter long-temps de son malheur, dont il l'avoit instruit par une lettre. Comme on voit un lys chargé de pluie baisser tristement la tête contre terre; ainsi cette désolée Damoiselle après avoir noyé son tendre sein de larmes, couche son chef en son giron, se fond en soupirs, se tord les bras et deschire ses blonds cheveux, accusant ores sa folie, ores son malheur, ores la clef de sa boîte, comme font les enfans.

Cependant nostre voyageur print reconfort, et délibéra se donner du bon temps et fuir les femmes. Ainsi chevaucha l'espace de trois journées.

despitant le genre féminin ; et un soir fut si surpris de la nuit, que force lui fut de loger en un village près de Xaintes. Or il n'eust pas plutost mis pied à terre, que voici un vieil gentilhomme menant une Damoiselle ancienne, suivie d'une jeune, laquelle estant Dame du lieu, et voyant Claribel en point d'estre mal hébergé, voulut qu'il vînt en son château. De quoi vaincu d'une gracieuse importunité, il demeura enfin d'accord.

La nouveauté du lieu et les caresses que recevoit nostre pélerin, lui desroberent la souvenance de son ennui, si qu'il n'y avoit plus que pour lui à discourir et faire mille contes plaisans : l'heure de dormir survint ; la Damoiselle ayant conduit son nouvel hoste en sa chambre, lui pria le bon repos et se retira. Puis ayant appellé un garçon qu'elle savoit fidele et de bon esprit, lui qu'un mot enchargea qu'il fist tant, que l'un des chevaux du voyageur ne pust partir le lendemain. La chose fut exécutée, et force fut à Claribel de faire séjour. La mémoire de son mal le faisoit soupirer par fois, qui fut cause que la Damoiselle demanda que c'estoit qui tant le tourmentoit. Or le bon Seigneur ne fut point tant surprins, encore qu'il rougist comme une vierge qui a vu son fiancé, qu'il ne controuvast quoi respondre, disant qu'il avoit aimé une Dame, laquelle après l'avoir allaité pendant trois ans d'une espérance morte, s'estoit, sans être par lui en rien offensée, mariée à un vieillard. De quoi, ajouta-t-il, me souvenant, je meurs sur pied. A quoi la jeune Damoiselle respondit : » las ! Monsieur, que vostre mal est contraire » au mien qui me fait habiller de » deuil, comme vous voyez ! Vous » vous plaignez de n'avoir point été

» aimé, et je me plains de l'avoir » esté trop de deux gentilshommes, » qui, outrés d'extrême jalousie, s'es- » tant rencontrés ici près, s'enfer- » rèrent de leurs épées, et ne ves- » quirent demi-quart d'heure l'un » après l'autre, dont je suis demeu- » rée du tout inconsolable ».

Claribel, déliant sa langue emmiélée, se print à consoler la Damoiselle qui sentit peu-à-peu ressusciter en son cœur le feu qui auparavant l'avoit consumé; de quoi nostre pélerin qui n'estoit nouveau à ce mestier, s'apperçeut aussi-tôt; parquoi ayant à part soi le tout débattu, enfin donna cause gagnée à l'amour. Si finement et si heureusement fut conduite l'affaire, que des regards en vinrent aux paroles, et des paroles à l'effet, tellement qu'en peu de temps il n'y eust arbre dans les bois qui ne fust témoin de leur amour. Ils continuèrent ainsi pendant quelques semaines à se solacier, jusques à ce que Claribel, qui ne s'estoit du tout endormi aux chants de la Sirene, et qui d'ailleurs craignoit finalement être reconnu, prévoyant qu'on ne lui donneroit jamais congé, se délibéra de le prendre.

Or revenons à Floradin : de retour chez son père, le bonhomme songea à le marier, desirant voir son fils pourveu devant que de mourir. Le jeune homme ne fut pas long-temps en pourchas amoureux, et une jeune et belle Damoiselle fixa son choix. Les paroles furent portées de part et d'autre. Si la Damoiselle refusa, on verra bientost qu'elle n'avait garde; car environ six mois après les nopces, elle accoucha. Elle print donc mariage, afin qu'il lui fust couverture; mais l'enfant qui ne put attendre le septieme mois pour le moins, décéla tout : or cette Damoiselle était celle qui avait hébergé Claribel.

On peut penser quel plaisir ce fut au nouveau marié de se voir sitost pere. Floradin meû du même chagrin que son ami Claribel, print le même parti, et monta à cheval; mais son ennui ne le quittait point; de sorte qu'un jour l'hoste, chez lequel il se trouvait, jugeant que le mal venoit d'amour, leva arraisonner le plus plaisamment du monde; parquoi fut conclu, que le plus expédient, tant pour les amans que pour les maris trompés, estoit de penser que toutes femmes sont femmes, tellement qu'il leur fallait mettre la bride sur le col, et de son costé faire du mieux qu'on pouvait, et que celles qui ont ainsi la bride laschée ne courent jamais si fort que les autres, témoin la sienne. Floradin prit la résolution de suivre le conseil, fust-ce aux dépens du conseiller ; ce qui se passa le lendemain à son contentement, car l'hostesse estait jeune et accorte ; après quoi il se partit, poursuivant sa route et son dessein.

Or si Floradin laissa des marques de ses prouesses par-tout où il passa, Claribel ne se porta pas moins vaillamment et s'éprouva en maintes périlleuses aventures ; puis il délibéra d'arrêter un peu. Toutefois il ne put rester oisif, qu'il ne s'accostast d'une jeune meusnière avec laquelle il fut bientost d'accord, aux conditions que, quand son mari n'y seroit point, elle mettroit pour amoureux signal un drap blanc sur le sommet de la tour. Advint un soir que le meusnier ne faisoit que sortir pour aller à la pesche, qu'un gentilhomme surpris de la nuit avec son garçon, et esgaré de son chemin, arriva à ce moulin, et demanda si pour cette nuit il ne pourroit en quelque façon se retirer là; ce que la gracieuse meusnière lui accorda, pour le voir jeune et beau, et partant indigne de coucher déhors; icelui entré, commença par remercier son hostesse de sa courtoisie, et peu-à-peu fit si bien ses approches, qu'il en vint aux prières d'amour, et qu'après quelques petits contredits accoustumés on accorda sa demande.

Mais d'aventure Claribel estant venu faire sa reveue, apperçut le drapeau blanc mis au despart du mari, que la meusnière s'estoit oubliée d'oster à la venue de son nouvel hoste; parquoi, tout gai et dispos s'en vint frapper à la porte du moulin, dont resta fort esmeue la meusnière, qui pensa que c'estoit son mari. Elle ne trouva autre moyen que de cacher en un petit coin derrière des sacs son nouvel ami, et alla ouvrir la porte

à

à son ami de provision, qui lui fit les caresses accoustumées.

Ils ne furent gueres ensemble, que voici le Meusnier, lequel, pour n'avoir le temps propre à la pesche, retourne et heurte rudement à l'huis, qui fut cause que la femme dit à Claribel qu'il se cachast où il pourroit. Puis ouvrit à son fâcheux mari, qui tansoit la paresse de sa femme. Mais sa colere se changea en estonnement et frayeur, quand il ouit le bruit de deux qui crioient et s'entrebattoient. Claribel cherchant où se cacher, estoit à l'endroit où se tenoit Floradin, qui, ne sachant si ce n'estoit point quelqu'un pour lui méfaire, s'estoit mis en devoir de se défendre.

Toutes querelles s'appaiserent d'une part et d'autre, et le Meusnier, qui fit semblant de trouver tout bon, prie ses hostes de prendre patience; mais lui-même ne la print gueres, et, peu content de la charité de sa femme, quand elle fut ou lui sembla endormie, il se leva tout bellement, et prenant une corde la vint approprier au cou de sa fidelle moitié. Or, icelle feignant de dormir, mit finement le bras dans ce collier de nouvelle espece, et ne sonna mot, faisant semblant de se débattre et roidir. De sorte que le jaloux croyant l'avoir à son desir estranglée, s'enfuit, craignant d'estre appréhendé par la justice. La Meusnière se leve, allume sa lampe, va trouver ses deux hostes qui avoient renouvellé leur amitié; et s'inclinant à leurs pieds, la jeune hostesse les requit qu'il leur plust se souvenir de ce qu'elle avoit fait pour eux; puis leur montrant son beau cou tout meurtri, elle les émeut à compassion. Parquoi la relevant et l'embrassant, lui promirent de jamais ne l'abandonner, pourveu qu'elle voulust les suivre. Elle print donc habits d'hommes et commença avec eux leur voyage.

Ainsi allant, s'enquirent l'un à l'autre de leurs faits depuis leur séparation, et tant entrèrent en propos, qu'ils en vinrent à se dire la cause de leurs courses, et à connoistre qu'ils s'estoient réciproquement donné la venue; qui tant s'en faut qu'ils s'en voulussent mal, leur fut un nouveau renfort d'amitié; puis commencèrent à l'envi à se communiquer les meilleurs tours, de sorte qu'il n'y avoit femme qui ne tombast dans leurs filets, car selon les occasions, ores ils prioient, ores estoient priés, ores donnoient, et ores leur estoit donné, et faisant leur trafic par moitié; et quand ils ne trouvoient rien digne d'être courtisé, avoient recours à leur quotidien du moulin, nom qu'avoit pris la Meusniere travestie.

En cet état parcoururent mains cantons, jusqu'à ce qu'enfin ils se trouvent en une petite hostellerie, ou entrant dans une chambre, ils avisent en un grand lit deux jeunes femmes, et un gros rustre au milieu d'elles; et nos compagnons ne songerent point à les éveiller tant ils estoient esbahis de la rencontre, car ces femmes estoient les leurs, qui voyageant chacune de leur costé, s'estoient rencontrées et liées de si estroite familiarité, que biens et maux estoient communs entr'elles, comme leurs maris eurent tout lieu de connoistre. Leur estonnement estant passé, ils commencerent à esclater de rire, disant l'un à l'autre : *Voilà ta femme bien empeschée, as-tu pas peur que le cœur lui faille?* et conclurent qu'il falloit savoir qui estoit ce vénérable, lequel de peur de se morfondre, couchoit ainsi entre deux femmes, s'assurant tant de sa suffisance: mais leur homme de chambre du moulin les osta bientost de ce doute, leur apprenant que c'estoit son mari. »

„ Foi de galand, dit Claribel, il a » raison, et lui en sais bon gré; et » pourquoi ne devisera-t-il pas avec » nos deux femmes, veu que sa femme » devise bien avec nous deux ? Il est » vrai, dit Floradin, mais il me sou- » vient bien de ce qu'il voulut faire » à sa femme pour l'amour de nous. »

Or après plusieurs menus propos, ils résolurent d'aller donner le bon jour à leurs femmes, et de réintégrer les amours conjugales, rentrant en leur ancien mesnage qui leur devoit sembler nouveau. Ainsi suivant ce bon avis, soudain qu'il fut jour, ils allerent revoir leurs femmes, et furent reçus d'elles avec autant de contentement que si c'eust été le jour de leurs nopces. Vrai est que, premier de les avoir retrouvées, se comptant les tours qu'ils s'estoient joués l'un à l'autre, avoient délibéré, puisque par essai ils connoissoient réciproquement la portée de leurs femmes, d'en changer aussi-tost qu'ils seroient ensemble : mais ores et la considération des bienséances, et le renouvellement d'amour ne le permit : à cet exemple le Meusnier reprit sa femme avec autant d'esbahissement que s'il l'eust veue ressuscitée, et lui requit pardon.

NOUVELLE.

NOUVELLE (1).

J'ALLAIS à Milan, et pour adoucir la fatigue du voyage, je m'étais mis sur l'eau, en convenant avec mon muletier d'un village où il devait me rejoindre; mais comme il était payé d'avance, je ne trouvai ni lui, ni cheval, ni mulet, et je fus obligé de m'engager à pied dans les plaines de la Lombardie. La nuit arrivait; j'étais las et ne voyais point de gîte, lorsque j'apperçus un cavalier qui traversait le chemin ayant un faucon sur son poing. *N'êtes-vous pas au service d'Espagne*, me dit-il? je lui repondis qu'il ne se trom-

(1) L'idée de ce conte est tirée d'un livre espagnol intitulé : *Relationes de la Vida delescudero marcos de obregon. . . . descanto quinto.* Ceux qui ont lu ou liront cet ouvrage, et notre conte, verront bien que nous n'en avons emprunté que le sujet;

pait pas; et comme s'il eût deviné l'embarras où j'étais, il me proposa de passer la nuit chez-lui. Quoique la mélancolie profonde où je le voyais plongé ne m'invitât point à accepter ses offres, la nécessité m'y contraignit.

Nous entrâmes dans une maison d'assez belle apparence, par un jardin fort vaste, mais mal tenu; il semblait une friche. Quelques valets vinrent au devant de nous, mais tous, mornes et sombres, ne proféraient pas un seul mot. Le même silence régnait dans toute la maison. Je ne pouvais me défendre d'une secrète inquiétude, et je ne savais que penser de ce que je voyais. Le souper vint, j'en avais grand besoin, et je mangeai, mais en silence. Le Gentilhomme l'observait aussi scrupuleusement que moi; il ne parlait que rarement à ses gens, et le faisait ordinairement par gestes.

Après que les valets se furent retirés, le maître cessa d'être muet, et d'un ton de voix sombre et vraiment sépulcral, il dit ces paroles en soupirant : » Heureux ceux qui naissent » dans une condition obscure ! ils » passent leur vie sans que l'on s'oc- » cupe d'eux, et reçoivent avec ré- » signation le sort favorable ou con- » traire. L'artisan finit sa journée, » mange du pain noir arrosé de ses » sueurs, couche sur la dure, mais il » dort. O combien ceux, qui par leur » naissance ou leur fortune se trouvent » exposés aux regards du public, sont » plus agités ! ils ont autant de juges » de leurs actions, qu'il y a de gens » qui les voient ; et les vaines cen- » sures dont ils sont assaillis, ne sont » pas le moindre de leurs tourmens »... Puis se tournant vers moi : » sans » doute, Monsieur, vous me prenez » pour un être bien étrange ; eh bien !

» je ne suis que très-infortuné. » Monsieur, lui dis-je, je ne forme pas
» légèrement un jugement; je tâche
» de m'accommoder à l'humeur de ceux
» avec qui je me trouve, et sur-tout
» je ne témoigne nulle curiosité sur
» leurs affaires : qu'ils soient gais,
» qu'ils soient tristes, je suppose qu'ils
» ont des raisons pour l'un ou pour
» l'autre. A la bonne heure, reprit-
» il, mais laissez-moi chercher quelque
» soulagement à ma douleur, en vous
» en racontant le triste sujet. Vous
» m'êtes étranger ? qu'importe; les
» malheureux ont peu d'amis, et il est
» des malheurs de telle nature, qu'on
» craint d'en avoir pour confidens
» ceux que l'on voit chaque jour et
» que l'on aurait ensuite pour témoins
» perpétuels de sa honte. Aussi nul
» de mes gens ne connait-il le motif
» de mon affliction, et leur tristesse
» ne vient que de la mienne.

» Si la félicité ne dépendait que
» des richesses, je serais très-heu-
» reux, Monsieur, mais je suis né
» sensible, et je ne connais qu'un
» bonheur, c'est d'aimer et d'être aimé.
» Je n'ai jamais senti d'ambition; la
» vie champêtre a été long-temps mon
» goût le plus vif, et quoique aisé-
» ment touché par la beauté, les pre-
» mières années de ma jeunesse se
» sont écoulées sans que je pensasse
» au mariage : mon imagination ar-
» dente mettait à trop haut prix le
» don de mon cœur. . . . . Hélas !
» on n'échappe point à sa destinée !
» je passais près des fauxbourgs de
» Crême, lorsque je vis une jeune
» personne qui me fit une de ces
» impressions si vives, si tendres, si
» subites, qu'on ne peut les expli-
» quer, mais que rien ne les efface
» jamais. Après des perquisitions fort
» exactes et encore plus empressées,

» je sus que cette belle enfant n'é-
» tait point mariée, qu'elle apparte-
» nait à une famille obscure; mais
» que d'ailleurs elle était d'un carac-
» tère aimable et d'une sagesse ex-
» trême. Je cherchai à la connaître
» dans l'espoir vague de réussir auprès
» d'elle, et sans m'avouer à moi-
» même qu'elles étaient mes vues;
» je lui tendis plusieurs piéges, je
» n'épargnai ni tentations, ni pro-
» messes, ni présens. Sa conduite fut
» toujours égale et décente. Touché
» de trouver tant de beauté avec tant
» de vertu dans un état si pauvre,
» persuadé que l'amour est de tous
» les sentimens le plus libre, et que
» lui seul me donnerait un bonheur
» que me coûteraient les préjugés et le
» resbect humain, je l'épousai, et je
» me retirai avec elle dans cette terrre,
» où nous avons vécu ensemble six
» années dans l'union la plus tendre.

» Je m'applaudissais de mon choix, » comme de la plus honorable de mes » actions ; et je me trouvais trop payé » d'un bienfait dont je me ressentais » le premier. Le ciel a permis enfin qu'un trait d'ingratitude noire, » lâche, perfide, renversât en un instant tout l'édifice de mon bonheur.

» J'avais dans mon voisinage un » homme d'assez basse extraction, » mais d'une société agréable : quelques talens couvraient des vices » qu'il savait dissimuler ; il était musicien et peintre ; je l'avais attiré chez » moi dès long-temps ; et il me devait sa petite fortune ; son feint attachement, ses complaisances et » ses soins me l'avaient rendu cher, » et il était aussi maître que moi dans » ma maison : avant et depuis mon » mariage il me suivait à la chasse, » et me devançait quelquefois au » château, lorsqu'il était las. Depuis

» quelque temps il se fatiguait davantage et rentrait plutôt : un cœur honnête ne connait jamais qu'à ses dépens la méfiance. J'adorais ma femme, je l'estimais : pourquoi l'aurais-je observée ? que craignais-je d'elle ? d'ailleurs cet homme était fort laid, quelquefois assez brusque, et ma femme semblait ne le souffrir que par complaisance pour moi. Cependant ses retours de la chasse devinrent si fréquens, que par égard pour la bienséance, je lui dis qu'il me ferait plaisir de ne pas me quitter si souvent. Il ne me fit pas la moindre objection.

» Vous connaissez la superstition des habitans de ce pays : toutes les fois que j'allais à la chasse, il paraissait la nuit suivante un fantôme qui mettait toute ma meute en rumeur et jettait l'effroi dans l'ame de tous mes gens ; je me levais aussitôt

» tôt, et je courais chercher le fan-
» tôme, mais en vain; quand je sor-
» tais de ma chambre, appellé par le
» bruit et mes valets, ma femme fer-
» mait soigneusement sa porte en de-
» dans, et ne l'ouvrait point à mon
» retour, qu'elle n'eût reconnu ma
» voix; car le fantôme, disait-elle,
» la faisait trembler. Cette apparition
» se renouvella plusieurs fois pendant
» quelques mois, et je remarquai que
» lorsque mon homme m'avait quitté
» à la chasse, on n'entendait point
» parler du fantôme la nuit suivante.
» Je réfléchis, et un jour j'ordonnai
» au plus déterminé de mes domes-
» tiques de se tenir la nuit suivante
» à la porte du jardin, et d'obser-
» ver exactement la marche du reve-
» nant. J'étais couché, mais dans
» l'attente, lorsque j'entendis des
» hurlemens affreux. Je courus droit
» au valet que j'avais mis à la porte

» du jardin. Point de bruit, Monsieur, me dit-il, le fantôme n'est » rien autre chose que votre grand fa» vori Cornelio, qui, tandis que vous » courez au jardin, va tenir compa» gnie à Madame. De dire comment » et par où il entre, c'est ce que » j'ignore ; mais je sais que mon » rapport est vrai, et il y a déjà » long-temps que je m'apperçois de » ce manege.... Je restai stupéfait » d'horreur ; et la foudre m'aurait » moins frappé que ce discours : re» venu à moi, et transporté de fu» reur, j'enfonce mon poignard dans » le sein de ce misérable, en lui di» sant : *Au moins tu ne le diras pas* » *à d'autres* ; *et voilà le prix de ton* » *long silence*. Le malheureux tombe » mort à mes pieds, et je le traîne » dans un petit caveau voisin. Tous » les mouvemens de mon cœur te» naient de la frénésie ; et cependant

» mon extérieur était calme. Je re-
» tournai pas à pas, je remontai à
» ma chambre et j'appellai ma femme;
» celle-ci m'interroge assez long-temps
» pour s'assurer que c'était moi, di-
» sait-elle ; elle ouvre enfin, et me
» voyant pâle, elle s'écrie : » *eh ! mon*
» *dieu, mon ami, qu'as-tu ? que*
» *maudit soit le fantôme ! je ne te*
» *vis jamais si troublé*.... Oh! quels
» serpens déchiraient mon cœur !..
» Eh bien, Monsieur, je dissimulai,
» oui je le pus : ma rage était con-
» centrée ; je ne respirais plus que
» pour la vengeance. Je me remets
» au lit près de la perfide ; elle me
» caresse, elle me plaint, et tout
» cela d'un air si naturel et si tendre,
» que je me vois au point de douter
» de mon malheur. Ma nuit fut af-
» freuse ; je me levai à la pointe du
» jour, et j'appellai aussi-tôt Corne-
» lio et mes piqueurs ; nous allons à

» la chasse ; nous y restons toute la
» journée : sur le soir, Cornelio
» se trouve mal, et me propose de
» retourner au château ; je l'y en-
» voie, en le chargeant de dire à
» ma femme de ne pas m'attendre
» cette nuit, parce que je voulais
» aller chercher un de mes oiseaux
» égaré. La nuit tombe, je me dé-
» fais de mes gens, et je me rends
» chez moi par une fausse porte. Je
» vais droit à la chambre de Corne-
» lio, il n'y était pas ; j'y allume
» une bougie, et je pénètre dans une
» salle qui joignait sa chambre. Au
» bout de cette salle était un corri-
» dor, au-dessus duquel j'habitais
» avec ma femme. Mon cœur pal-
» pitait d'une terreur douloureuse à
» chaque pas que je faisais. J'avance,
» je remarque une échelle ; elle était
» appuyée contre la muraille, et
» terminait à un œil de bœuf cou-

» vert au dedans de chez moi par un
» tableau du Titien. . . . . Jusques là
» j'avais douté de leur trahison ; hé-
» las ! j'en fus trop sûr ! . . . . je
» me sens prêt à m'évanouir ; la fu-
» reur me rend mes forces ; j'abats
» l'échelle, je vole à ma chambre,
» j'appelle, je crie, ma femme ouvre
» à l'instant. Cornelio veut se sauver,
» croit mettre les pieds sur l'échelle,
» se précipite et se casse les reins ;
» j'entends sa chûte, je ferme ma
» chambre et vais à lui. . . . ah traître !
» lui dis-je . . . . je ne pus achever ;
» mais je lui donnai cent coups de
» poignard. Enflammé davantage par
» cette horrible vengeance, je monte
» chez moi, je leve le bras pour frap-
» per cette malheureuse . . . . le fer
» m'échappe, et toutes les fois que
» j'ai voulu depuis assouvir ma fu-
» reur, il m'en est arrivé de même ;
» sans que j'aie jamais eu la force

» de percer celle que j'ai tant aimé.

» Honteux de ma pusillanimité, » transporté de colère, j'ai pris le » parti de l'enfermer dans une es- » pèce de tombeau avec le cadavre » de son amant, et après avoir ar- » raché son cœur, je l'ai laissé sous » ses yeux. J'ai traîné près d'elle le » corps du valet que j'ai poignardé, » en disant : le voici le témoin de » ton crime.... Ah ! Monsieur, » cette vengeance est cruelle et ne » satisfait pas mon ame déchirée. Plu- » sieurs fois j'ai voulu tuer cette » femme ; mais toujours en vain ; je » vais lui porter moi-même le sou- » tien de sa malheureuse vie ; depuis » quinze jours elle n'a pas vu la lu- » mière ; elle n'a pas entendu un » mot de moi ; elle ne m'en a pas » dit un seul.... et je suis plus mal- » heureux qu'elle ! Oh ! que ne puis-je » l'abandonner à elle-même, et fuir

» au fond d'un désert toute la race » des humains ! Hélas ! que dirait-» on ? que dirait ma famille ? que » dirait le public, ce tyran qui juge » toujours sans appel, et toujours » sans entendre ? . . . Venez, Mon-» sieur, venez, contemplez ce triste » et fatal objet avec qui je ne puis » plus espérer de vivre, et que je » ne puis me résoudre à faire mou-» rir ».

J'étais fortement agité ; et je le suivis sans dire un mot. Nous traversâmes ensemble un petit jardin, et il ouvrit la porte du lieu funeste, dépositaire de tous ses malheurs. Je fus saisi d'horreur à la vue d'un spectacle presque impossible à décrire. D'un côté un cadavre sanglant, et exhalant déjà une odeur fétide ; de l'autre, un second cadavre en lambeaux ; le cœur que l'on en avait arraché, posé sous les yeux d'une des plus belles femmes que la nature ait formées, et que sa douleur profonde, mais douce et courageuse, embellissait encore, en attestant son repentir ou son innocence . . . . et comme si ce n'eût pas été assez pour nous attendrir, une chienne de chasse, qui nous avait suivis, reconnut son infortunée maîtresse, courut à elle, lui lécha avec transport les mains et le visage, et lui fit toute sorte de caresses en gémissant. Quand l'ame est ébranlée, la plus petite circonstance achève de la bouleverser; je fondis en larmes, et le mari lui-même fut ému. Je saisis cet instant et lui dis : » jusqu'ici, Monsieur, je vous » ai écouté sans vous rien répondre; » et j'ai partagé vos douleurs : ah! » daignez maintenant m'entendre. — » Vous pouvez parler, me dit-il d'une » voix entrecoupée » . . . Je m'apper-

» cevais que la compassion ranimait
» en lui la tendresse; je perdis toute
» crainte et lui dis : vous m'avez avoué
» que l'amour que vous avez ressenti
» pour votre épouse, dès que vous
» la vîtes, fit sur vous une impres-
» sion que rien n'effacera jamais. Eh
» bien, Monsieur, ne discutons point
» sa déplorable aventure! Que vos
» soupçons soient justes ou qu'ils ne
» le soient pas, il est toujours sûr
» qu'excepté ces deux misérables, qui
» ne révéleront jamais votre infor-
» tune, personne au monde n'en a
» connaissance. Vous paraissez atta-
» cher beaucoup de poids à l'opinion
» publique; mais, Monsieur, l'hon-
» neur, qu'elle ôte ou donne, ne
» consiste pas dans ce que nous sa-
» vons par nous-mêmes, mais dans
» ce que les autres savent; autrement
» quel homme pourrait se suppor-
» ter en société? La mort de ces deux

» infortunés vous répond d'un silence
» éternel . . . . ah ! Monsieur, regar-
» dez votre épouse . . . . elle vit en-
» core . . . . peut-être est-elle inno-
» cente; et tous les vains efforts que
» vous avez tentés pour lui percer le
» sein ne paraissent-ils pas à votre
» ame sensible une sorte de préjugé
» en sa faveur ?. . . Monsieur, soyez
» juste ou généreux ; réparez votre
» erreur ou pardonnez . . . . toujours
» vous restera-t-il le charme d'un bien-
» fait ».

Avant que le mari, qui rêvait profondément, pût répondre un seul mot, sa femme le prévint, et d'une voix faible mais tendre, elle proféra avec peine ces mots : » non, Monsieur,
» n'intercédez pas inutilement pour
» moi ; je ne veux plus vivre. Eh !
» grand Dieu, que regretterai-je en
» mourant ? rien, que son amour au-
» quel je ne puis prétendre ; laissez-

» moi donc mourir;... mais comme un
» événement aussi étrange laissera des
» traces profondes dans votre mémoire;
» comme vous pourriez accuser mon ma-
» ri de cruauté, ou me charger d'une
» infamie que je n'ai point méritée;
» je veux vous instruire de la vérité».

» Ces deux hommes, que vous
» voyez ici, ont mérité la mort qu'ils
» ont reçue, l'un pour avoir fausse-
» ment rapporté des choses qu'il n'a
» ni vues, ni pu voir; et l'autre,
» non pour le mal qu'il a fait, mais
» pour celui qu'il a voulu faire, en
» trahissant par l'ingratitude la plus
» atroce mon époux, mon bienfai-
» teur et le sien. Quelquefois ce mal-
» heureux m'est venu trouver en l'ab-
» sence de mon mari; mais il était
» si réservé, que j'aurais eu tort de
» m'en allarmer. Il est vrai que la
» nuit de cette catastrophe qui a
» ruiné tout mon bonheur, je l'ai

» vu sortir de derrière un tableau, » sans savoir par où il avait pu en» trer dans ma chambre ; je m'ef» frayai, je m'indignai ; j'allais ap» peller, quand la voix de mon époux » s'est fait entendre ; puisqu'il vous » a amené ici, Monsieur, vous sa» vez le reste ; et lui seul doit juger » si la conduite que j'ai tenue de» puis six ans que je suis sa femme, » peut autoriser ses soupçons ; si je » suis assez dépourvue de jugement » pour employer des artifices aussi » grossiers que ceux qui ont été mis » en usage pour commettre le crime » qu'il m'impute ; si dans l'intelli» gence où il me suppose avec ce » misérable, j'en aurais eu besoin . . . » il est inutile de me justifier davan» tage ; je ne dispute point ma vie » contre mon époux ; des présomp» tions violentes l'ont trompé ; qu'il » m'accorde pour unique grace, pour

» prix de mon amour dont il n'a pas » douté pendant long-temps, de ses » plaisirs que je ne puis plus faire, » de terminer mon supplice et ma » déplorable vie ; heureuse, si mes » douleurs expient mes fautes invo- » lontaires! Plus heureuse, si la fin » de mes maux rend à cet homme » que j'aime quelque tranquillité ».

Le malheureux époux versait un torrent de larmes, et ses sanglots l'étouffaient .... *Eh bien, Monsieur,* luis dis-je d'une voix entrecoupée, *que vous semble de tout ceci?* Il s'élance près de sa femme, plus vîte que l'éclair; il coupe ses liens ; elle était si faible, qu'elle tombe évanouie entre ses bras, et lui-même perd connaissance :... elle revint la première, et couvrit de baisers son époux ; il ouvre les yeux, se précipite à ses genoux, les baigne de larmes, baise ses mains, ses pieds, et la conjure de lui pardonner son injustice, sa barbarie..... De prompts secours, et sur-tout le retour de la paix et du bonheur eurent bientôt rétabli cette jeune beauté; la santé revint à la femme, la joie au mari, la parole aux domestiques, et la parure au jardin.

EURYNOME
ET
DOSICLÈS.

EURYNOME

EURYNOME
ET
DOSICLÈS.

Oui, mon cher Diotime, ma tristesse est la même depuis vingt ans; et la douleur ne tue pas toujours, puisque je respire encore. Mais aussi il est des pertes auxquelles on ne s'accoutume point. Rien n'a pu sécher mes larmes, et le malheur que je vais vous raconter est aussi présent à ma mémoire, à mon cœur attendri, que si mes yeux en étaient témoins.

Nos vaisseaux vont chaque année à Tarsis; et notre route n'est pas toujours la même : tantôt nous allons tout droit nous charger des trésors dont la Bétique enrichit nos contrées; tantôt nous visitons la côte d'Afrique,

Poussés un jour par des vents furieux, nous franchîmes les colonnes d'Hercule, et fûmes emportés dans l'océan sans bornes. Après avoir été le jouet des vents et des flots, nos provisions nous manquèrent, et nous nous crûmes heureux de pouvoir relâcher dans une isle inconnue.

La belle campagne d'Enna, où Proserpine cueillant des fleurs fut enlevée par Pluton, n'est pas si riante que ce séjour charmant, qui semblait varié exprès pour le plaisir des yeux; nous trouvions par-tout des bocages dont les arbres distillaient la myrrhe odoriférante, et les baumes les plus précieux; on en voyait d'autres dont le fruit luisant et doré flattait également la vue et le goût (1). Entre

(1) Thus Was this place
A happy rural seat of various view;
Groves whose rich trees wept odorus gums aud balm,

les arbres, paraissaient des collines enchantées; ici une terre couverte de palmes, et la gorge fleurie d'une vallée coupée de ruisseaux, montraient mille beautés; là, des grottes sombres offraient des retraites fraîches, tapissées de vignes, qui s'empressaient de livrer leurs grappes de pourpre et rampaient avec une agréable fécondité. Les ruisseaux, tombant avec un doux murmure le long des collines, suivaient divers canaux, ou se ramassaient en un bassin dont la surface présentait son miroir de crystal à la verdure des rivages couronnés de myrthes (1). Enfin toutes les richesses de

---

Others whose fruit, burnishd with golden rind,
Hung amiable.
Parad. lost. boock 4.

(1) Betwixt them lawns, or level downs, and flocks
Grasing the tender herb, were interpos'd,
Or palmi hillock or the flow'ry lap

la nature étaient répandues avec profusion dans cette isle.

Notre étonnement redoublait à chaque pas, en ne découvrant rien qui nous laissât soupçonner qu'il s'y trouvât des hommes. Enfin à force de marcher, je crus appercevoir une espece d'édifice, et je m'approchai : quelques branchages entrelacés couvraient une pyramide peu élevée et arrangée sans art, sur laquelle on lisait écrit en langue et en caractères grecs :

» Ici reposent les cendres de la belle
» Eurynome et de l'infortuné Do-

Of some irriguous valley spread her store,
. . . .
Another side, umbrageous grots and caves
Of cool recess o'er which the mantling vine
Lays forth her purple grape, and gently creeps
Luxuriant mean while murmuring waters fall
Down the slope hills, dispers'd or in a lake
That to the fringed blank with myrte crown'd
Her christal mirror holds, unite theirs streams.
(*Ibid.*)

» siclès : qui que vous soyez qui
» viendrez en ces lieux, donnez
» des larmes à leur sort ; don-
» nez-en encore à la douleur de
» celui qui vous instruit de leur
» infortune. C'est Déiphontide ;
» c'est un malheureux père qui
» pleure ici ses enfans ».

La singularité de cette inscription me frappa, et j'y rêvais tristement, quand j'entendis soupirer à mes côtés. Un vieillard était couché à quelques pas de moi, et il ne m'avait point apperçu. Il pleurait, il fixait quelquefois le tombeau ; plus souvent il retombait dans une méditation profonde, et paraissait absorbé dans sa douleur. Je l'observai long-temps ; enfin j'allai à lui ; et je lui demandai de quel secours je lui pourrais être dans ces lieux relégués aux extrémités de la nature. Il se leva, et pour toute réponse me fit un signe de le suivre dans une grotte où il me conduisit. Il n'oublia aucun des devoirs de l'hospitalité envers moi, et satisfit ensuite ma curiosité.

» Vous voyez, me dit-il, un vieil-
» lard qui a trop vécu : j'ai perdu
» mes enfans .... Dosiclès ! Eury-
» nome ! je ne vous verrai plus ! mes
» yeux vous cherchent sans cesse et
» ne vous rencontrent nulle part ! ah !
» j'ai trop vécu !... A ces mots, il
» versa un torrent de larmes, et con-
» tinua ainsi : » Athènes est ma pa-
» trie ; on m'appelle Déiphontide,
» père de quinze enfans, ornemens
» et soutiens de ma vieillesse ; j'es-
» pérais qu'ils me fermeraient les
» yeux, et c'est moi qui leur ai
» rendu ce funeste service. Un seul
» me restait .... ô Dosiclès ! ton
» amour t'a perdu ! et toi, infor-

» tunée Eurynome, tu as causé ta
» perte et la sienne! Eurynome, tu
» m'as enlevé mon fils! mais je n'en
» baignerai pas moins tes cendres de
» mes larmes! .... Compatissant
» étranger, je vois que vous portez
» un cœur sensible! peut-être vous
» repentirez-vous de votre curiosité;
» cependant je vais la satisfaire; mais
» je crains qu'une partie de ma peine
» ne passe dans votre ame. »

» Dosiclès, dont vous venez de
» voir le tombeau, était le dernier
» des quinze enfans que les Dieux
» avaient accordés à mon amour. La
» mort de ses frères me le rendit plus
» cher encore : je songeai à le ma-
» rier, et je le priai de former ce
» doux lien auquel je devais le bon-
» heur de l'avoir pour fils. J'aimais
» ta mère, lui disais-je; j'en étais
» aimé : ton union avec une épouse
» aimable me rappellera celle dont

» j'ai joui, et ses innocentes caresses » prêteront encore à l'illusion. Puisses-» tu bientôt me donner des petits-» fils qui te ressemblent! et puissent-» ils me faire oublier la perte de tes » frères ! Dosiclès, répands tout ce » plaisir sur les vieux ans de ton père. »

» Dosiclès balança quelque temps; » il aimait en secret la jeune Eury-» nome, fille du sage Euphémon, » et en était aimé. Elle avoit peu de » fortune; mais elle réunissait à un » haut degré la vertu, les graces et » la beauté. Encouragé par mes ins-» tances, Dosiclès m'avoua, avec quel-» que crainte cependant, son amour; » j'en fus enchanté : ô mon ami, lui » dis-je, la fortune peut être un moyen » de vivre heureux; mais elle est loin » d'en donner l'assurance. Me pré-» servent les Dieux de m'opposer à » ton choix ! Il doit satisfaire égale-» ment la raison et ton cœur; j'en

» ressens une joie vive et pure....
» Je courus chez Euphémon; sûr d'ob-
» tenir son consentement, j'embras-
» sai Eurynome, et une rougeur ai-
» mable colora ses joues, lorsque je
» l'appellai ma fille. Son père était
» aussi empressé que moi de conclure
» cette alliance, et nous la regar-
» dâmes comme la source de notre
» bonheur.

» Cependant la beauté d'Eurynome
» était trop grande pour que mon fils
» l'eût seul remarquée; et Hyppias,
» fils de Pisistrate, en était éperdu-
» ment amoureux. Incapable de fein-
» dre, Eurynome avait rejetté son
» amour, et ne lui avait pas laissé
» le moindre espoir de la toucher.
» Tout ce que Dosiclès avait pu ob-
» tenir de sa franchise, s'était borné
» à taire qu'elle en aimait un autre,
» et que cet autre était mon fils.
» Enorgueilli du pouvoir que son père

» usurpait dans Athènes, Hyppias
» ne pouvait croire sincère le refus
» de sa tendresse, et regardait la
» jeune Athénienne comme une proie
» qui ne pouvait lui échapper. Sa fu-
» reur n'eut pas de frein lorsqu'il ap-
» prit qu'on lui préférait un rival.
» Il accabla d'injures Euphémon, et
» lui prodigua les menaces. Accou-
» tumé à se jouer de la liberté de
» ses concitoyens, de leur vie même,
» le fils du tyran déclara que s'il dai-
» gnait pardonner le mépris que l'on
» avait fait de son amour, la vie du
» père lui répondrait du moins du
» repentir de la fille. Euphémon dis-
» simula et demanda seulement le
» temps de dégager sa parole. Hyp-
» pias le permet avec une insolente
» hauteur, et mon vieux ami vint
» me trouver; il m'apprit l'impérieuse
» démarche du fils de Pisistrate, et me
» laissa voir tout ce que nous avions

» à craindre de son emportement. Eurynome, à cette nouvelle terrible, » tombe évanouie dans les bras de » Dosiclès ; elle revint à elle, mais » c'est pour verser des larmes amères » au sein de son amant. Les fantômes de son imagination, et le » trouble de son cœur, enflammaient » son visage, inondaient ses yeux » de larmes, altéraient sa voix et » troublaient ses regards. Calme-toi, » ma fille, lui dit Euphémon ; la » liberté et l'amour sont les premiers » des biens ; et la fidélité à sa parole, » le premier des devoirs : dérobons-nous au tyran ; la fuite nous est » ouverte ; mais tout est perdu, si » nous laissons soupçonner le moins » du monde notre dessein : que Dosiclès cesse de te voir ; sa retraite » me justifiera vis-à-vis d'Hyppias ; » tu dissimuleras, et nous aurons le » temps de nous préparer un asyle

» sûr . . . . Eurynome promit tout et
» ne tint rien ; ce caractère généreux
» ne put pas assez long-temps se con-
» traindre. Le fougueux Hyppias vint
» la voir, et ne lui marqua son amour
» que par des reproches de celui qu'elle
» avait eu pour Dosiclès. Elle allé-
» gua pour sa défense l'ordre que lui
» avait donné son père de regarder
» mon fils comme son époux. Loin
» de se contenter de ce désaveu, le
» fils de Pisistrate voulut qu'Eury-
» nome avouât qu'elle avait à rougir.
» Votre père, lui dit-il avec empor-
» tement ! votre père cesse de l'être
» quand il vous jette dans les bras
» du plus vil des Athéniens ! . . . du
» plus vil des Athéniens, répond Eu-
» rynome ! du plus vil des Athé-
» niens ! . . . Le plus vil des mortels
» est l'oppresseur de son pays ! . . .
» Hélas ! je ne puis encore condam-
» ner cette réponse, quoiqu'elle ait

» causé tous mes malheurs . . Mais trois
» jours plus tard et nous étions assez
» vengés des propos et des fureurs
» d'Hyppias, par sa propre rage ! Il sor-
» tit ivre de colère, jurant ma perte,
» celle de mon ami, et celle de mon
» fils. Toutes nos mesures furent rom-
» pues; nous ne pensâmes plus à rien
» sauver de nos biens que nous-mêmes,
» et nous partîmes dans la nuit ». . .

Le récit de Déiphontide fut interrompu par l'arrivée d'un beau jeune homme. Il pouvait avoir seize ans, sa figure noble et charmante intéressait encore davantage par la tristesse qu'il montrait; il embrassa le vieillard; me salua, et s'assit auprès de nous. » Je racontais nos malheurs,
» dit Déiphontide; mon fils, j'en vais
» achever l'histoire. — Continuez,
» mon père, répondit-il d'un son de
» voix touchant. Le sentiment de
» notre infortune est devenu une ha-

» bitude pour nous ; et mes ennuis » s'adoucissent en vous en entendant » parler ». Le vieillard sourit la larme à l'œil, et continua son récit.

» Ce jeune homme, me dit-il, est » le frère d'Eurynome, et nous l'em» menâmes avec nous. Obligés de » nous embarquer, nous résolûmes » de toucher à Samos où nous avions » des amis. Notre navigation fut d'a» bord heureuse ; mais le sort nous » réservait ses coups les plus cruels. » Une tempête affreuse vint nous as» saillir, et nous jetta dans des mers » inconnues, où notre vaisseau vint » échouer à la vue de cette isle. On » met la chaloupe à la mer : Eu» phémon, ce jeune homme que vous » voyez, et moi, nous y étions déjà, » lorsque les vagues et le vent la sépa» rèrent du vaisseau. Dosiclès n'ayant » plus d'espoir que dans ses forces et » son adresse, presse Eurynome de

» quitter ses vêtemens pour lui faciliter les moyens de la sauver avec lui. Elle s'y refuse opiniâtrement... *Je mourrai donc avec toi*, lui dit-il... Ces mots plus terribles pour son amour que tous les reproches, paraissent ébranler Eurynome, et ses beaux yeux se chargent de larmes... Cependant par un scrupule vertueux, mais funeste, elle ne peut se résoudre à se montrer nue aux regards d'un homme qui n'est encore que son amant. Dans ce moment du combat que se livraient la crainte, la pudeur et l'amour, Dosiclès voit notre chaloupe se renverser ; il se précipite dans les flots et vole à notre secours. Hélas ! nous n'avions pas besoin de lui ! une chaîne de rochers à fleur d'eau nous avait sauvés. L'infatigable Dosiclès se rejette à la mer, et retourne au vaisseau presqu'entièrement submer-

» gé, où Eurynome seule était restée.
» Je ne sais ce que lui dit Dosiclès;
» mais nous la vîmes se dépouiller
» de ses habits ainsi que lui .....
» il n'était plus temps. Epuisé par le
» double trajet qu'il venait de faire,
» il n'eut pas assez de forces pour
» fournir à un troisième, et les flots
» nous les apporta enlacés étroitement
» dans les bras l'un de l'autre, mais
» sans mouvemens ..... Quel spec-
» tacle pour un père! Eurynome était
» déjà morte; nos efforts pour la rap-
» peller à la vie furent inutiles. Do-
» siclès rouvrit ses yeux à la lumière;
» mais il sembla que le sort ne vou-
» lait qu'aggraver nos maux en nous
» leurrant d'un faux espoir; Dosiclès
» ne recouvra nulle connaissance ....
» et j'en remercie le ciel! .... ses
» regards étaient fixes et ne voyaient
» rien; il n'entendait ni notre voix,
» ni nos tendres gémissemens; une
» sueur

» sueur froide coula le long de sa » face ; son cœur battit lentement, » son cœur ne battit plus ; il mou- » rut (1) ! . . . il mourut, et moi je » vis ! . . . . Euphémon voulait s'abî- » mer dans les flots ; je lui montrai » son fils, et il consentit à vivre ; » mais la douleur termina bientôt sa » carrière : les Dieux ne m'ont pas » accordé le bonheur de le suivre.... » J'ai renfermé tant d'objets qui m'é- » taient si chers, dans le tombeau » que vous venez de voir ; et il n'est » pas d'instant où ma douleur ne m'y » fasse descendre avec eux. La beauté » de cette isle n'a rien qui me flatte ; » c'est près de ce monument que je » me plais » . . . . .

---

(1) Voyez dans la Messiade de Klopstock (tom. 1, ch 5.) la description sublime d'un homme expirant. Nous en avons emprunté quelques traits ; mais tous ne pouvaient pas convenir à la situation.

Déiphontide termina ainsi le récit de son histoire, qui, comme il me l'avait annoncé, me fit partager sa douleur. Puis il retourna au tombeau, tandis que le jeune Eurynome m'accompagna et me fit voir les plus beaux sites de ce pays enchanté ; j'avais mon dessein, et j'observais curieusement ce jeune homme. Il me montra un si heureux naturel, tant de reconnaissance et de tendresse pour Déiphontide, que je résolus de les emmener tous deux à Tyr, et de donner ma fille à Eurynome. Je m'en ouvris au vieillard qui me parut sensible à cette marque d'amitié. » Em-
» menez Eurynome, me dit-il ; qu'il
» trouve en vous un second père ; aussi
» bien je sens que je ne lui en servi-
» rai pas long-temps ; pour moi c'est
» ici que j'acheverai ma carrière ». Je combattis inutilement sa résolution ; et tout ce que je pus obtenir de lui,

fut de lui répéter mon invitation dans une année. Il voulait qu'Eurynome vînt avec moi; mais le jeune homme ne consentit point à se séparer de lui, et parut attristé de ce que Déiphontide le soupçonnait capable d'une telle ingratitude. Je leur promis de venir les reprendre dans un an, et je m'embarquai. De retour à Tyr, je racontai à ma femme et à ma fille ce qui m'était arrivé, et elles partagèrent mon attendrissement. Ma fille avait une de ces imaginations ardentes que le vulgaire appelle romanesques, et qui ne sont que le premier et puissant organe des cœurs sensibles. Le bien que je lui dis du jeune Eurynome, et la pitié de ses malheurs introduisirent l'amour dans son cœur. J'en ressentis bien de la joie. Mais hélas! en arrivant dans l'isle l'année suivante, j'appris par une inscription que Déiphontide était mort, et que, de désespoir, son jeune ami s'était enfermé avec lui dans le tombeau .... Je les pleurai comme ce que j'avais de plus cher; mais ma pauvre enfant frappée d'un coup si imprévu, tomba dans une maladie de langueur qui me l'a enlevée. Elle exigea de moi que je porterais ses cendres où était le corps de celui qu'elle regardait comme son époux. Je me suis acquitté de ce triste devoir. Il n'y a pas d'année que je n'aille verser des larmes en ce lieu; je suis à Tyr, mais c'est dans cette isle qu'est mon cœur. Si les Dieux m'enlevent ma femme, mon cher Diotime, c'est-là que j'irai placer ses cendres, et que reposeront un jour celles de votre ami.

EUPHROSIE.

EUPHROSIE.

L'AMOUR ne se plaît pas toujours dans les larmes ; et quelquefois il s'occupe à sécher celles qu'il fait répandre. Mortels, redoutez moins sa puissance, l'univers est plein de ses bienfaits. Tithon, que ses feux ont rajeuni, le chante dans les bras de l'aurore ; Acis et Galathée l'adorent sous les eaux qu'il embrase : sur la terre même on trouve des amans heureux, et l'on parle encore dans la Lycie des plaisirs du tendre Mysis et de la belle Euphrosie.

Je raconterai volontiers leur histoire, telle que je l'ai apprise dans mon enfance du sage Alcidamas, qui disait la tenir du vieux Philoxène : puisse ce récit ranimer mes esprits glacés par les ans, et me rendre la vie en me rendant à l'amour !

Un même hameau placé au pied du mont Cadmus, vit naître Mysis et Euphrosie. Ils s'aimèrent longtemps avant qu'ils sussent ce que c'était qu'aimer; leur tendresse s'accrut avec l'âge; et leur ignorante simplicité leur fit bientôt une peine de ce qui n'avait été pour eux qu'un plaisir; car l'amour vend ses faveurs, lors même qu'il paraît les prodiguer.

» Mon cher Mysis, dit un jour » Euphrosie, cesse de me voir, si tu » ne veux devenir aussi à plaindre que » moi. Tu connais le jaloux Euphé- » mon, si redouté de tous nos ber- » gers. Sans doute hélas ! il a jetté » sur moi un regard irrité ; sans » doute il m'a empoisonnée, comme » il empoisonne souvent les herbages » où paissent les troupeaux : je souffre » et ne puis dire ce que je souffre. » Fuis-moi, cher Mysis, fuis-moi, » ton Euphrosie n'est plus la même.

» Autrefois lorsque je te quittais,
» j'étais triste. Te revoyais-je? j'é-
» tais contente. Aujourd'hui, je te
» quitte avec peine; mais j'en éprouve
» encore plus lorsque je te rejoins.
» Cependant les Dieux savent que je
» serais inconsolable, si je te per-
» dais pour jamais. Hélas! comment
» peut-on donc souhaiter et craindre
» tout-à-la-fois la même chose?
» Cruel Euphémon, pourquoi vous
» plaisez-vous à me faire souffrir? »

Euphrosie verse des larmes, Mysis y mêle les siennes, et presse sa main contre son cœur. Le trouble d'Euphrosie en augmente : » Mysis,
» Mysis! s'écrie-t-elle, mon malheur
» est au comble, puisque tu le par-
» tages. A peine ta main a touché
» la mienne, que j'ai senti mon cœur
» saisi d'une agitation nouvelle. Ah!
» je le vois, le barbare ne t'a pas
» épargné ». Elle dit; et ses larmes coulent avec plus d'abondance.

» O mon Euphrosie ! répond Mysis, j'éprouve depuis long-temps » le trouble dont tu te plains ; je » t'en ai fait un secret pour ne pas » redoubler ta peine ; mais je ne » puis croire qu'Euphémon soit l'auteur de nos maux. J'ai toujours vu » les troupeaux s'éloigner des pâturages que son œil malin a rendu » nuisibles, je devrais donc te fuir, » et je te cherche avec plus d'empressement que jamais ».... Mysis fixe Euphrosie qui rencontre ses regards ; et ils restent ainsi dans l'extase de l'amour.

Un soupir les arrache à cette douce ivresse.... Soupir voluptueux ! tu exprimes l'excès de leur plaisir ! et ils se plaignent de l'excès de leurs maux.

Cependant l'amour a pitié de leur ignorance. Il inspire à Euphrosie d'aller consulter le vieux Philoxène. C'était un étranger, qui, retiré dans les grottes du mont Cadmus, s'était acquis par ses sages avis la confiance de toute la contrée. Le vénérable Vieillard, aimé des Dieux, ne se contenta pas de satisfaire aux questions d'Euphrosie : il lui apprit encore ce que c'était que l'amour, comment il naît, comment il cesse, quels plaisirs il donne, quelles peines il cause, et laisse souvent après lui. Euphrosie soupira, mais ce ne fut pas de regret de ce qu'elle aimait ; ce ne fut que de crainte de cesser d'être aimée.

De retour au hameau, Euphrosie rêve sans cesse aux conseils de Philoxène. Instruite de sa tendresse pour Mysis, elle n'en est que plus passionnée ; mais elle aurait rougi de le paraître. Sa réserve lui attirait les reproches les plus touchans ; elle gémissait d'y donner lieu, et n'osait se livrer au plaisir de les faire cesser. La crainte de rendre inconstant celui dont l'amour faisait tout son bonheur, l'empêchait de le rendre heureux... Le moment enfin arriva, où il le devint, et ce fut à un songe qu'ils dûrent tous deux leur felicité.

Mysis instruit par Philoxène qu'il venait aussi de consulter, cherchait un soir Euphrosie ; il brûlait de lui apprendre le secret de leurs cœurs, lorsqu'il la trouva assise au bord d'une fontaine dont le murmure augmentait la rêverie où elle était plongée. » Euphrosie, ma chère Euphrosie, lui » dit-il, cesse de t'attrister, si tu ne » veux que je meure!... Ah crois-» moi : nous jouissons depuis long-» temps d'un sort digne d'envie, et » quand tu connaîtras l'amour.... Je » ne le connais que trop, répondit » Euphrosie. Mysis ! puissai-je n'a-» voir jamais à me repentir de ce » que vous me l'avez fait connaître ! » —Cruelle, dit Mysis, si tu aimes,

» ce n'est pas moi sans doute; puis-
» que tu crains de me voir infidele...
» Si tu m'aimais, tu me jugerais d'a-
» près ton cœur; il t'en coûterait trop
» de soupçonner ma tendresse....
» Hélas ! hélas ! je n'ai donc ap-
» pris qu'il était un bonheur dont je
» pouvais jouir, que pour en perdre,
» presqu'au même instant, l'espé-
» rance »..... Mysis à ces mots
veut s'éloigner.... » Arrête, My-
» sis, arrête..... injuste, ingrat
» amant : arrête et lis dans mon
» cœur..... tu n'as pas cessé un
» instant d'y régner! tu es ma pen-
» sée habituelle ; tu me suis jusques
» dans le sommeil, et tout-à-l'heure
» encore, un songe..... un songe
» dont je n'ai que trop savouré les
» délices, m'a appris ce que tu étais
» pour moi.....— Ah! mon Eu-
» phrosie, dis-moi, dis ce qui peut
» m'assurer de ton amour.....

— » Ecoute, cher Mysis; mais jure » de ne point abuser de ma con» fiance. Depuis quelques jours Phi» loxène m'a éclairé sur les mouve» mens de mon cœur; mais il m'a » montré aussi à quels dangers trop » de facilité expose une amante. Il » m'a fait craindre ton inconstance, » et c'est-là l'unique cause de mon » silence. Mon amour m'invitait ce» pendant à le rompre; c'est dans » ce moment où je combattais avec » moi-même pour toi et contre toi, » que le sommeil s'est emparé de » mes sens.

» J'étais au bord d'une fontaine, » dans un charmant paysage; je fus » tout-à-coup transportée dans un » temple; tu parus; et je fus quel» que temps sans oser te parler; mais » je te demandai enfin dans quel lieu » je me trouvais. C'est le temple de » l'Amour, me dis-tu. Je ne com-

» prenais pas ces mots; mais tu me
» les expliquas, et tu me fis l'éloge
» de ce Dieu, en me conduisant près
» du sanctuaire. A notre approche,
» un voile de pourpre qui couvrait
» l'autel se sépara. Un jeune enfant
» y était couché sur un lit de roses.
» A ses côtés je vis un arc, une
» lyre et une coupe pleine de nectar;
» Aussi tendres que ceux de la tour-
» terelle, aussi enflammés que ceux
» de l'aigle, ses regards pénétraient
» mon cœur; les fleurs dont son ha-
» leine augmentait les parfums, em-
» baumaient l'air, et l'on ne pou-
» vait le respirer sans éprouver cet
» état que Philoxène appelle *langueur*,
» et qui semble une peine aimable,
» un plaisir inquiet. Tu t'apperçus
» de mon trouble, cher Mysis....
» et tu me dis : Euphrosie, vous
» aimez.... ah! vous aimez!...
» belle Euphrosie, si c'est moi qui

» ai su te plaire; que tardes-tu à me
» l'apprendre! . . . . Je jure par les
» Dieux; je jure par l'amour le plus
» puissant de tous, que tu as toute
» ma tendresse . . . . . Cher Mysis,
» je sentis alors que je t'aimais, et
» je rougis. Jeune bergère, me dit
» l'amour, ta rougeur te décele; tu
» aimes, je le sais; mais il faut l'a-
» vouer, ou la peine de ton silence
» sera l'excès de ton ardeur . . . . .
» Dieux! que l'amour est puissant!
» chaque instant ajoutait à ma flamme:
» mon cœur agité s'élançait vers toi;
» je voulais parler . . . . et la honte
» me retenait.

» Il me sembla alors que nous
» étions restés seuls; j'avais les yeux
» baissés; je les levai enfin sur toi.
» Mysis, Mysis, te dis-je alors, au
» trouble que l'amour m'inspire, com-
» bien ce Dieu me paraît dangereux!...
» Dis-moi, cher Mysis, ce qu'il en
faut

» faut penser.... tu tombas à mes
» genoux. Euphrosie, me répondis-
» tu, si tu ne veux point écouter
» l'amour..... — Ah! ne me con-
» sulte pas, il est tout entier dans
» mon cœur ce Dieu qui m'enflamme
» pour toi.... — Mais non, belle
» Euphrosie, il n'est pas dangereux
» d'avouer que l'on aime, lorsqu'on
» est sûr d'être aimé..... Mysis,
» je ne sais ce que tu ajoutas; mais
» je sais bien que je me laissai per-
» suader.... Que je t'aime, te di-
» sais-je! et qu'il m'est doux de te
» l'apprendre! quelle crainte insensée
» me retenait! comment ai-je pu dif-
» férer si long-temps ton bonheur!
» mon cher amant! je sens le plai-
» sir de te la sacrifier cette crainte;
» aime-moi toujours, aime-moi comme
» tu es aimé. Pour moi, puissai-je
» cesser de vivre au moment où je
» cesserai de t'adorer!.... Ce fut

» ainsi que je t'appris ma passion, » cher Mysis; c'est ainsi que je t'en » répete l'aveu ..... Mais bientôt » tu me demandas la preuve de cet » amour que je te jurais. Deux amans » couchés sur le penchant d'un cô- » teau se tenaient embrassés. Qu'ils » sont heureux, me dis-tu, en me » les montrant! ils jouissent de leur » tendresse ! nous aimons autant » qu'eux, et nous n'en jouissons » pas .... Tu me regardais avec tant » d'ardeur, que je sentis mon ame » voler sur tes levres; je te regardai » à mon tour ..... et si je ne te » donnai pas un baiser, je ne puis » dire non plus que tu me le ravis.... » L'amour reparut, et je rougis à sa » vue; il m'en trouva plus belle.... » Bergère, me dit-il, ne rougis pas » de livrer tes charmes à ton époux; » sa tendresse en augmentera, et ta » gloire n'en souffrira point; ses graces

» te couvriront de leur voile . . . . .

» Je ne sais ce que devint le temple;
» la terre se revêtit de gazons, et des
» myrthes entrelaçant leurs branches,
» formèrent un berceau sur nos têtes;
» je ne vis plus que toi . . . . bien-
» tôt même je ne te vis plus. Il m'est
» impossible de t'exprimer ce que je
» sentis; mais tu partageais mon dé-
» lire; il me semble que nos ames
» étaient unies, confondues; le plai-
» sir nous enlevait à nous-mêmes,
» et paraissait nous ôter la vie . . .
» Mais que cet anéantissement est
» doux! . . . je revins à moi; je te
» regardais tendrement; je soupirais;
» je pleurais; et tes baisers séchaient
» mes pleurs . . . . L'amour qui pa-
» rut, en recueillit quelques-unes dans
» son bandeau. C'est de ces larmes,
» nous dit-il en souriant, qu'est com-
» posé le philtre divin qui rend im-
» mortels les charmes de ma mère.

„ Fils de Vénus, m'écriai-je ! écoute, » exauce ma prière ; daigne répandre „ sur moi cette essence précieuse ; et » ma beauté plus durable charmera » plus long-temps mon époux. Eu- » phrosie, dit l'amour, l'ardeur dont » brûle Mysis sera éternelle comme „ moi..... l'amour s'envola, et je „ m'éveillai ».

Mysis, ivre d'amour et d'espoir, presse de ses bras amoureux son Euphrosie, et lui dit : „ ô mon amante ! » serai-je moins heureux que je ne » l'étais alors ?.... Tiendras-tu les » promesses de l'amour, répondit- „ elle ?... » Ce fut tout ce qu'elle dit ; et les faunes malins, cachés dans les buissons d'alentour, applaudirent, lorsqu'elle recouvra l'usage de la voix.

Tous les jours de ce couple fortuné ont été semblables à cet heureux jour; l'amour étendant sur eux ses ailes de pourpre, les a garantis des noirs chagrins qui tourmentent les mortels ; et lorsqu'on veut peindre le bonheur de deux amans, on dit dans la Lycie : *il est aimé comme le fut Mysis* ; *elle est aimée comme le fut Euphrosie*.

SONGE
DE POLIPHILE.

SONGE
DE POLIPHILE (1).

Un matin du mois de mai, de ce mois fortuné où l'amour renaît avec la nature, j'étais couché et je rêvais

(1) L'idée du conte suivant est puisée dans *l'hypnerotomachie, ou songe de Poliphile.* Le vrai nom de l'Auteur de *l'hypnerotomachie* (*Poliphili hypnerotomachia opus italicâ linguâ conscriptum, ubi humana omnia non nisi somnium esse docet. Venetiis.* 1499. *in fol. con. fig.*) *est fr. columna.* Son ouvrage peut passer pour un des plus singuliers monumens littéraires qui aient paru au moment de la renaissance des lettres. C'est un amas indigeste d'érudition sacrée et profane, qui forme le plus étrange contraste. La Liturgie et la Mythologie y sont sans cesse entremêlés; on y voit des hiérogliphes, des épitaphes, des inscriptions latines, arabes, hébraïques, et sur-tout des descriptions éternelles d'architecture, de pyramides, de ruines, d'architraves, de frises, de corniches. Au milieu de cette ridicule bigarrure, on a recueilli quelques traits, qui ont paru pouvoir former un conte agréable à lire.

tristement, plein de l'idée de ma chère et trop cruelle Polia ; la nuit s'était passée sans que le sommeil eût fermé ma paupière. La fatigue d'une agitation si longue, et la fraîcheur que l'approche de l'aurore répand sur la terre, firent enfin couler le repos dans mes veines. O Jupiter! quel nom donnerai-je au songe que tu m'envoyas alors ? et de quel présage doit-il être pour moi ?

Il me semblait errer dans une plaine riante, émaillée de fleurs et tapissée de verdure. Le Ciel était serein, et la terre encore humide de rosée recevait en silence les premières caresses du Soleil. Mais en portant ma vue aussi loin qu'elle pouvait s'étendre, je ne découvris aucune trace d'homme. A cette solitude, au calme profond qui régnait autour de moi, je me crus seul dans la nature ; effrayé de cette idée, et saisi de crainte, je me mis à marcher à pas précipités, comme un enfant qui chercherait sa mère.

Nouveau spectacle, nouvel étonnement ! je me trouve engagé dans une vaste forêt. Les arbres étaient si serrés, et les rameaux si épais, que la lumière ne pouvait y pénétrer. Un vent impétueux y soufflait, et les branches, qu'il brisait de tous côtés, redoublaient par leurs sifflemens l'horreur de l'obscurité. Elles se heurtaient dans leur chûte ; et tout ce fracas, concentré dans la forêt, y retentissait, comme le tonnerre, lorsque parcourant les voûtes obscurcies du ciel, sa détonation formidable va se perdre aux extrémités de l'horizon.

Mes efforts pour me tirer d'un lieu où tout me glaçait d'effroi, étaient inutiles. Autant de pas, autant de chûtes. Accablé de fatigue, je tombai la face contre terre, et je m'évanouis. Lorsque je recouvrai mes sens, la forêt avait disparu, et ma première idée fut celle de Polia. Son image est empreinte en mon cœur, et mon ame fait sa demeure sur cette image. » Oh! me disais-je, quand „ reverrai-je Polia? le destin n'a-t-il » pas résolu de m'en séparer pour » toujours? „ J'examinais le lieu où j'étais, pour tâcher de me retrouver. Je vis un vallon fermé de côteaux; et sur le plus élevé j'apperçus une vaste pyramide. Cette vue majestueuse me plongea dans un silence d'admiration; j'approchai pour la contempler de plus près.

Plusieurs bas-reliefs attirèrent mes yeux; mais cent vingt marches de marbre blanc qui conduisaient à la porte de l'édifice, m'eurent bientôt distrait. Je les franchis; et pour pénétrer dans l'intérieur, je fus obligé de descendre cent vingt autres marches. La lumière diminuait à mesure que je descendais; je voulus retourner sur mes pas ; une force invisible me ferma le passage. Oh ! que je me repentis alors de ma curiosité téméraire ! . . . . Je me vis contraint de m'enfoncer dans les sombres détours du souterrain, en cherchant à me guider par les secours de mes mains dans ces épaisses ténebres ... » Hélas ! » me disais-je, n'espère point te sau-» ver, malheureux Poliphile ; c'est ici » qu'il te faut mourir ! . . Encore si » si tu avais joui de tes amours ! qui » t'aimera, chère Polia, qui t'aimera » comme t'aimait Poliphile ? »

J'apperçus enfin une faible lumière vers laquelle je dirigeai mes pas, dans l'espoir de sortir du labyrinthe où je m'étais engagé. Cette lumière ne venait que d'une lampe suspendue devant un autel où étaient posées trois statues d'or. Une d'elles tenait dans sa main un rouleau, où je lus ces paroles effrayantes : *Il n'y a rien de stable sous les cieux.* Une nouvelle horreur s'empara de moi, et je continuai d'errer au milieu des piliers bruts et noircis qui soutenaient ces voûtes ténébreuses : une clarté vive me rendit quelque espérance; elle entrait dans le souterrain par une ouverture assez large pour me donner passage ; je m'y élançai sans regarder derrière moi.

Cette ouverture du temple était à à mi-côte d'une montagne, dont la pente escarpée montrait de toutes parts des chênes et des sapins aussi vieux que le monde. Le bas du côteau était bordé de cérisiers et de cormiers, auxquels se mariaient le lierre et le chevrefeuil : là, brillait au milieu des arbres le faîte d'un édifice de forme carrée ; c'était un pavillon ouvert dont la couverture d'or reposait sur quatre colonnes de Porphyre. Au milieu paraissait une statue représentant une nymphe livrée au sommeil. Jamais le ciseau de Praxitele ne produisit rien de si parfait ; les levres entr'ouvertes, elle semblait reprendre son haleine ; l'on eût dit que c'était une mortelle métamorphosée en marbre par le pouvoir des Dieux : couchée sur le côté droit, elle avait la tête appuyée sur une de ses mains, et ses cheveux se répandoient en ondes sur son corps d'albâtre : deux filets d'une liqueur divine jaillissaient de ses mammelles, tombaient dans deux bassins de jaspe, et, se réunissant, formaient un ruisseau qui arrosait de tous côtés le melilot, le romarin, et le myrthe aimé de la belle Vénus. On voyait gravé sur le frontispice : *à la Nature, mère de tous les êtres.*

Je contemplais avec admiration ce spectacle, lorsque cinq jeunes filles s'approchèrent de moi en chantant ;

mais dès qu'elles m'apperçurent, elles s'arrêtèrent, me regardant en silence, et comme surprises de me voir en ce lieu. Leur beauté, la douceur de leur maintien me rassuraient ; et quel homme malheureux, errant, égaré, n'a pas dans sa situation même sa sauve-garde ? Cependant ma phisionomie étonnée fit sourire les nymphes : » jeune homme, me dit l'une d'elles, „ qui que tu sois, n'aye point de » crainte, car tu ne cours aucun dan» ger : dis-nous ce que tu cherches ? — » Belles nymphes, leur répondis» je, vous voyez l'amant le plus mal» heureux qui fut jamais. J'aime et „ ne sais où est l'objet de ma ten» dresse. Hélas ! j'ignore où je suis » moi-même, et je me vois le jouet » du sort . . . . » A ces mots je ne pus retenir mes larmes, et je les conjurai de prendre pitié de moi. „ Ras» sure-toi, me dirent-elles ; tu as été

» exposé

» exposé à plus d'un péril; peu de mor-
» tels y échappent; mais cet asyle est
» sacré : ici se trouve tout ce qui fait
» naître le plaisir; les Dieux daignent
» souvent visiter ces lieux ; et la
» douleur, et l'infortune en sont ban-
» nies. Viens consulter notre reine,
» la sage Eleuthéride; elle te donnera
» le remede à tes maux. »

Eleuthéride me reçut avec bonté, et me promit de me faire retrouver ma chere Polia plus sensible et plus tendre : » cependant, ajouta-t-elle,
» puisque les Dieux t'ont jugé digne
» de pénétrer dans ma cour, je veux
» avant que tu la quittes, t'en mon-
» trer les beautés ». Je la suivis : par-tout où nous paraissions, une musique délicieuse se faisait entendre; nos pas étaient jonchés de roses et de violettes, et tous les sens à la fois se trouvaient flattés. Ces jardins rassemblaient toutes les merveilles de la

nature ; et l'or et le marbre par mille formes heureuses l'imitaient et l'embellissaient ; les arbres toujours verds répandaient la fraîcheur et l'ombre sur des gazons toujours fleuris. Nos faibles plaisirs et les peines bien plus réelles et plus nombreuses, qui travaillent les malheureux mortels, y étaient représentés sous différens emblêmes. On voyait entr'autres un canal fait en spiral, sur lequel voguaient une infinité de petites barques, les unes très-ornées, les autres très-simples ; et toutes sans distinction allaient enfin s'abîmer dans un gouffre qui était au milieu .... symbole effrayant de l'inexorable destinée !

Nous arrivâmes à un berceau délicieux, formé par des jasmins et des myrthes entrelacés : là, mille oiseaux consacraient leurs chants à l'amour, et mêlaient l'éclat de leur plumage à celui de la verdure. Eleuthéride me laissa dans ce lieu, et me confia à une nymphe voilée, mais dont le simple aspect avait fait palpiter mon cœur.... La reine me défendit de lever son voile, ni de l'interroger. *Poliphile*, me dit la nymphe, suis-moi, suis ta compagne.... A ce son de voix harmonieux, je tressaillis; je crus entendre Polia, et mon ame passa toute entière dans mes yeux qui cherchaient à percer le voile. Elle me conduisait en silence à travers une prairie coupée de ruisseaux qui roulaient leurs eaux sur un lit d'amethiste. Le saisissement, l'attente, l'espoir, le desir, semblaient m'avoir ôté l'usage de la voix. J'appercevais çà et là des nymphes : elles folâtraient avec des jeunes garçons qui ne leur cédaient point en beauté. Quelques-unes poursuivaient des cygnes, qui, tour-à-tour, s'enfuyaient et se laissaient approcher, comme s'ils eussent pris plaisir à ce badinage. D'autres faisaient des bouquets ou des chapeaux de fleurs qu'elles donnaient à leurs amans, ou que ces derniers leur arrachaient en leur dérobant un baiser. Celles-ci écoutaient avec une tendre complaisance l'objet de leur amour, et laissaient tomber languissamment sur lui des regards passionnés. Celles-là feignant de craindre ce qu'elles desiraient le plus, rebutaient leurs amans ; elles fuyaient ; on les suivoit ; et lorsque le couple amoureux s'était atteint, ils s'entrejettoient des fleurs, si l'amour ne les enchaînait pas sur le gazon où ils venaient de les cueillir.... En vain, mon cœur tout occupé de Polia, ne m'inspirait d'autre envie que de m'assurer si c'était elle qui me conduisait. Les ordres d'Eleuthéride m'arrêtaient ; mais je soupirais d'impatience et de desir ; et ces spectacles voluptueux qui me distrayaient sans cesse, me firent porter envie aux amans que je voyais. L'amour tranquille et satisfait éclatait dans leurs yeux, et l'on y lisait, que, contents du présent, ce n'était pas pour changer de plaisir, mais pour en jouir encore qu'ils desiraient l'avenir.

Nous arrivâmes enfin à un temple champêtre, où la prêtresse nous reçut près de l'autel : » que deman-
» dez-vous, ma fille, dit-elle à ma
» conductrice? Je demande, répon-
» dit-elle en me montrant, que nous
» puissions aller ensemble sacrifier à
» la mère des amours ». La Prêtresse se retourna vers moi et me dit :
» et toi, mon fils, que demandes-
» tu? — Interprète des Dieux, ne
» le sais-tu pas? lui répondis-je : que
» Vénus me soit ſavorable! que je
» retrouve ma Polia! est-ce elle qui
» conduit ici? mon cœur me le dit,

» et je n'ose le croire..... daigne ; » ah ! daigne éclaircir mon doute. — » Prends ce flambeau sacré, re- » prit-elle, ô mon fils ! et dis avec » moi : *que l'amour fonde la glace* » *de son cœur, comme l'eau va* » *éteindre cette flamme* ».... Je prononçai ces mots avec la plus tendre ardeur ; et la Prêtresse plongea le flambeau dans le vase d'or destiné aux lustrations .... Alors .... ô bonheur inespéré ! ô transports !.. le voile tombe, mes yeux se dessillent, je reconnais celle après qui mon cœur soupirait depuis si longtemps ; c'est Polia que je presse dans mes bras .... « O mon cher Poli- » phile, dit-elle, pardonne, pardonne » ma contrainte qui me coûtait au- » tant qu'à toi. Il est enfin venu le » moment où je puis récompenser ta » constance, et te jurer un amour » éternel : reçois ce baiser pour gage

» de ma tendresse » .... Elle dit, et je puise la vie dans ses bras, et je sens ses larmes couler le long de mes jours ....

La prêtresse jette sur nous des feuilles de roses et me donne un rameau de myrthe que je place, par son ordre, sur le sein de Polia. » Allez mes enfans, nous dit-elle, je » prie la Déesse de vous être favo- » rable, et j'ose vous promettre que » ce jour finira vos peines. Mais toi, » Poliphile, contrains tes desirs jus- » qu'à ce que l'amour vienne se mon- » trer à tous deux. » Elle nous enseigne ensuite le chemin que nous devons tenir, et nous conduit hors du temple.

Nous marchons un peu tristement vers la mer, et nous nous asseyons sur ses bords. Jamais Polia ne m'avait paru si belle. Je pressais sa main contre mon cœur et je la regardais. Ses yeux se baissaient lorsqu'ils rencontraient les miens ; mais ils étincellaient d'amour. Je ne respirais qu'à peine ; je brûlais de desirs, et je ne pouvais plus réprimer mes transports. » Poliphile, me dit Polia, aussi émue, » aussi tendre, mais plus sage que » moi, veux-tu t'exposer à me perdre » à l'instant où nous venons d'être » réunis ? Craignons, craignons, mon » cher Poliphile, d'irriter les Dieux » en voulant hâter un bonheur dont » ils ont marqué l'instant »..... Elle dit, et m'entraîne en me faisant d'innocentes caresses près des ruines d'un tombeau, où elle espérait me distraire. Là, sur un marbre noir, elle lit avec moi des caractères à demi-effacés par les ans ; mais dont l'expression touchante contint quelques instans nos desirs, en portant tout notre attendrissement dans nos cœurs (1).

Aux Dieux Mânes.

Passant, je t'adjure par les Dieux infernaux : lis ceci, soupire et pleure en disant : ô fortune cruelle ! ils devaient vivre plus long-temps !

Leontia, jeune vierge, était éprise d'amour dès l'enfance pour l'aimable Lollius; et persécutée

---

(1) Voici cette épitaphe que l'on a presque littéralement traduite :

Diis Manibus.

Heu, viator ! paululùm interserere Manibus, adjuro te : prodi dùm polystonos metallo oscula dato, addens : ah ! fortunæ crudele monumentum; vivere debuissent. Leontia, puella, Lollii, ingenui adolescentis, primariâ amoris intemperie cùm urgeretur, paternis affecta cruciatibus, aufugit; insequitur Lollius. Sed inter amplexandum, à piratis capti, institori cuidam venduntur : ambo captivi navem ascendunt. Cùm noctù sibi Leontiam Lollius auferri suspicaretur, arrepto gladio, nautas cunctos trucidat.

chez son père, elle fuit, et Lollius la suivit. A peine réunis, nous fûmes la proie des Pirates et réduits en esclavage. Durant la nuit je ne consultai que mon désespoir, je surpris nos gardes et les égorgeai. Une tempête violente poussa le vaisseau dépourvu de conducteurs, sur des rochers

---

Navis, ortâ maris sævitiâ, scopulis terram propè collisa mergitur. Scopulum ascendimus famis impulsu. Leontiam humeris arripiens impono : fave, ades dùm Neptune Pater : nos nostramque fortunam tibi committo. Tunc delphineo nixu brachiis seco undulas. At Leontia inter natandum alloquitur : sum ne tibi, mea vita, molestiæ? Tipulâ levior, Leontia, corculum. Atque sæpiculè rogans, sunt ne tibi vires, mea spes, mea animula? Aio, eas excitas. Mox collum amplexata sachariter, bajulantem deosculatur, solatur, hortatur, uri nantem inanimat. Gestio; ad littus tandem devenimus, hospites. Inesperata infremens leo aggreditur. Amplexamur invicem. Moribundis parcit leo. Territi cano, naviculam littori, unà cum remigali palmiculâ dejectam fugitivi ascendimus uterque. Alternatìm cantantes remigamus, diem noctemque ter-

où je parvins chargé de Leontia, et poursuivi comme elle par une faim terrible; à la pointe du jour j'implore Neptune, et m'élance dans les ondes à peine calmées, avec mon précieux fardeau. Leontia me disait : je t'accable ô ma vie! Et je lui répondais : tu ne me peses rien, ma douce amie. Souvent elle me demandait :

---

tiam errantes. Ipsum tantùm undique cœlum patet. Lethali cruciamur fame, atque diutinâ inediâ tabescentes, ruimus in amplexus. Leontia, inquiens amato, fame peris? Sat tecum esse, Lolli, depascor. Ast illa suspirulans, mi Lolli, deficis? Minimè, inquam amore sed corpore. Solis vibrantibus et mutuis linguis depascebamur dulciter, strictiùsque buccis hiantibus, osculis suavè injectis, hederaciter amplexebamur. Ambo atrophiâ morimur. Plennyriis nec scovientibus hùc aurâ devehimur, ac ære quæstuario miseri, ipsis annexi amplexubus, manes inter plutonicos hìc siti sumus : quosque non retinuit piratica rapacitas, nec voravit leonina ingluvies, pelagique immensitas abnuit rapere, hujus urnulæ angustia hìc capit ambos. Hanc te scire volebam infelicitatem : vale.

n'es-tu point las, mon ame et mon espoir? Non, disais-je, tu me rends des forces. Elle se baissait et me donnait des baisers qui doublaient mon courage. Enfin nous arrivâmes à terre; un lion vint nous y assaillir; nous nous embrassâmes pour mourir, et ce fier animal nous pardonna. Nous trouvâmes un bateau, et nous nous y hasardâmes pour chercher une côte habitée. Trois jours et trois nuits nous voguâmes sans voir autre chose que le ciel et la terre. Tourmentés par une longue disette, et défaillans, nous nous embrassâmes et je dis : hélas ! Leontia, tu meurs de faim. Lollius, répondit-elle, je n'ai point de besoin, quand je suis avec toi ; puis en soupirant elle me dit : Lollius mon ami, tu n'en peux plus ; le cœur te manque. Non pas à l'amour, répondis-je, mais à mon corps seulement ! Hélas ! nous ne vivions plus que de baisers . . . . Nous mourûmes ainsi, embrassés étroitement. Le vent et les ondes nous ont amenés ici, où l'on nous a ensevelis enlacés comme nous étions morts. Et ceux que l'avarice des pirates n'a pu retenir, la rage affamée des lions dévorer, ni les abîmes de la terre engloutir, une urne étroite les contient tous deux.

Passant, je t'adjure par les Dieux infernaux : soupire, et pleure en disant : ô fortune cruelle ! ils devaient vivre plus long-temps.

Le triste sort de ces deux tendres amans fit couler mes larmes ; nous les mêlâmes ensemble dans nos baisers, et cette infortune nous faisait mieux sentir notre bonheur .... Mais j'en voulais un plus grand ; et tels qu'un feu mal éteint, mes desirs m'enflammaient plus que jamais, lorsqu'un enfant, d'une beauté divine, se montra dans une conque d'azur sur la surface des mers. Je soutenais à peine l'éclat de ses yeux ; mais à sa contenance, à ses attributs, et plus encore au trouble de mon cœur, je reconnus l'amour. Nous nous prosternâmes ; il nous fit relever et entrer dans sa conque ; puis déployant ses ailes de pourpre et d'azur, il vogua; les Nayades et les Tritons soulevaient sa conque et en dirigeaient la course. Il nous conduit dans l'isle où sa mère s'occupe avec lui du bonheur de l'univers.

Elle était au bain lorsque nous y arrivâmes. L'amour entr'ouvrit avec une de ses flèches le rideau de pourpre qui la dérobait à nos yeux . . . . Dieux ! que d'appas s'offrirent à ma vue ! . . . Eh bien ! je trouvais Polia plus belle ; et cependant Vénus lui sourit. Tandis que nous jouissions de sa présence, un guerrier, d'un aspect tout divin, descendit vers la fontaine où se baignait la Déesse. A l'instant l'Amour nous fit signe de nous retirer. „ Voi-„ ci, nous dit-il, l'heure consacrée „ à mes plaisirs. Mortels, respec-» tez ceux de Vénus ; allez, je vous » permets d'écouter vos desirs ; con-» naissez la volupté ». . . Il dit, et disparut.

Polia répondit alors à mes baisers brûlans par un baiser si tendre, que je crus expirer de plaisir. Une rougeur charmante, que la volupté et la pudeur répandirent à la fois sur ses joues, les embellit encore : ivre d'amour et de desirs, je dévorais tous ses charmes, et je volais au bonheur .... lorsque je m'éveillai.

O Polia ! chère Polia ! de quel présage ce songe trop séduisant doit-il être pour moi !

CHARMUS

CHARMUS, ELISE
ET
THERSANDRE.

P

CHARMUS, ELISE
ET
THERSANDRE.

Cérès eut un culte, aussitôt que les humains instruits par Triptolème surent obtenir des moissons du sein de la terre. Le nectar délicieux que donne la vendange, valut à Bacchus des adorateurs, et la foudre qui embrase les voûtes retentissantes de l'Olympe fit révérer Jupiter. Le Dieu dont la course brillante règle les saisons; la Déesse dont l'inégal flambeau nous guide dans la nuit ; ce redoutable Mars qui met en deuil tant d'épouses et de mères, ne tardèrent pas à être invoqués. L'Amour, le plus ancien des immortels, fécondait l'univers, long-temps avant qu'on lui élevât des autels. Il consumait de ses feux les jeunes cœurs; il entrelaçait les branches amoureuses des arbrisseaux, et unissait tous les êtres par le desir et la volupté ; mais ses plaisirs délicieux semblaient trop opposés aux soucis dévorans dont il afflige souvent les mortels, pour qu'on attribuât au même Dieu deux pouvoirs si différens.

Charmus fut le premier qui lui rendit dans la Grece un culte qui se répandit bientôt dans tout l'univers. Ce berger n'avait point cessé de voir la jeune Elise depuis son enfance. Il vint à l'aimer, dans cet âge où la beauté exerce sur nous un irrésistible empire ; et surpris qu'Elise qui était toujours la même, ne lui eût point encore paru ce qu'elle lui semblait, il se demanda d'où venait l'agitation de son cœur. Sans doute une puissance invisible agissait sur lui. Etait-ce celle de Bacchus? Dès qu'il avait fait un usage modéré de ses dons, il en était rassasié. Plus au contraire il voyait Elise, et plus il prenait de plaisir à la voir. Était-ce le père du jour, dont les rayons bienfaisans semblent donner la vie à toute la nature, qui se faisait sentir à son ame? Mais les sombres voiles de la nuit ne pouvaient dérober à Charmus l'image d'Elise toujours présente à ses yeux.... „ Oh! » qui que tu sois, s'écria-t-il un » jour, qui donnes un nouveau mou» vement à mon cœur, je veux que » ma main t'élève un autel : chaque » matin je le joncherai de fleurs; » je prononcerai le nom d'Elise, et » j'implorerai pour elle et pour moi » tes faveurs. Je ne sais si tu es le » plus grand des Dieux; mais je sens » que tu l'es le plus à mon cœur „... L'autel fut dressé, et Charmus écrivit au bas : *Au Dieu qui me fait me plaire auprès d'Elise, et m'attrister lorsque je la quitte.*

L'Amour fut touché de cet hommage ; il daigna se montrer à Charmus ; *faites que je sois aimé d'Elise*, lui dit le berger. » Cherches à » lui plaire, répondit l'amour, je te » donne le pouvoir d'embellir à ja- » mais celle qui te sera chère ». C'est une grande faveur sans doute qu'accorde le Dieu ; mais ce n'est pas ce qu'a demandé Charmus. Deux traits lancés par l'amour avaient déjà blessé l'un pour l'autre, Elise et Thersandre. L'amour n'est point volage, comme le croit le vulgaire ; il ne rompt pas les nœuds qu'il a tissus ; il avait résolu de rendre heureux Charmus, mais il voulait l'éprouver. Il voulait qu'une amante fidelle et un amant généreux apprissent à l'univers, que l'amour rendcapa ble du plus sublime dévouement, et ne laisse jamais la fidélité sans récompense.

Instruits par Charmus, les bergers firent bientôt retentir les bocages du nom de l'amour. Ils le voyaient alors dans toute la nature inspirer la joie, donner le plaisir et la gaieté. C'était lui que les oiseaux célébraient dans leurs concerts; c'était lui qui faisait bondir les troupeaux dans la prairie. Si les bergères s'y reposaient, la mollesse des gazons ne cédait plus au poids de leur corps; c'était la main de l'amour, qui, pour préparer un lit au plaisir, courbait sous elle les herbages. Il entr'ouvrait les fleurs que le zéphir caressait : dans l'obscurité mystérieuse des forêts, il épaississait les ombrages, et invitait les nymphes à s'y prêter à ses larcins.

Une joie nouvelle se répandit partout; mais Charmus ne la partageait pas; il ne pouvait se faire écouter d'Elise. Le bonheur dont Thersandre jouissait à ses yeux, ajoutait encore à son tourment. A quoi lui servait le don de l'amour ? Il n'avait garde d'user d'un pouvoir qui ne l'eût rendu que plus malheureux : Elise ne lui paraissait déjà que trop belle; son ardeur croissait de jour en jour, et la tristesse l'aurait conduit au tombeau, si le Dieu n'eût veillé sur lui. Arcas, celui de tous ses frères que Charmus aimait le plus, devina son secret. Charmus avoua ses maux, et s'écria devant lui : „ amour ! cruel amour ! tu m'as accordé de pouvoir embellir ce que j'aime, que ne m'accordais- „ tu plutôt de savoir me faire aimer ?... — » Que dites-vous, mon frère, » interrompit Arcas ? Vous pouvez » embellir Elise, et vous vous plai- » gnez de ses rigueurs ! Et que ne » m'avez-vous plutôt confié votre se- » cret ? — Ah ! mon frère, vous

» connaissez bien peu celle que j'aime ; » si vous la croyez assez vaine pour » sacrifier son amant à un intérêt » aussi léger. Cher Arcas, je juge » de son cœur par le mien ; je refu- » serais l'immortalité même, si, pour » en jouir, il me fallait un seul ins- » tant renoncer à l'amour que j'ai » pour elle. — Infortuné Charmus ! » que votre sort me touche ! un Dieu » favorable vous soumet tous les cœurs, » et vous refusez d'user de ses bien- » faits ! Ah ! mon frère, craignez d'ir- » riter l'amour par votre ingratitude : » osez-vous vous plaindre, lorsqu'il » remet entre vos mains son pou- » voir ? — Arcas, c'est peu con- » naître l'amour que de croire que » ses faveurs s'achètent ; et c'est alors » que je mériterais son courroux »... Malgré tous ses discours, Arcas ne désespère plus du bonheur de son frère, et court graver sur un hêtre :

Charmus a le pouvoir d'embellir ce qu'il aime.

Elise achevait un jour de lire ces mots, lorsque Charmus arriva près d'elle; elle voulut se retirer. Le berger la prévint : » me fuirez-vous tou- » jours, lui dit-il ? S'il faut que je » meure du feu qui me dévore, pour- » quoi m'envier le bonheur d'expirer » à vos pieds ? » ... Il dit, et pleure. Elise fut émue en voyant couler ses larmes; elle en répandit elle-même; mais la compassion ne les lui arracha pas seule. Thersandre, naturellement violent, la laissait quelquefois douter de son amour. Elise venait d'essuyer un caprice; et dans ce moment elle soupirait de tristesse. » Berger, dit-elle, je ne vous hais » pas; je vous plains; votre dou- » leur m'émeut; mais elle ne saurait » m'attendrir. Je me reprocherais le » désespoir que vous sentiriez à vous

» voir trompé. Ne vous abusez donc
» pas d'un faux espoir. J'aime Ther-
» sandre ; je ne puis changer ; et si
» j'étais infidelle, mériterais-je votre
» amour ? je le rendrais plus mal-
» heureux sans vous rendre plus for-
» tuné. — Belle Elise, l'amour dé-
» fend-il donc de faire un meilleur
» choix ? Aucun sentiment de haine
» ne m'enflamme contre Thersandre ;
» mais vous connaissez ses emporte-
» mens ; et vous en souffrez. C'est
» à Thersandre aimable que vous
» avez engagé votre foi ; Thersandre
» vous la rend quand il cesse de
» l'être » . . . . Elise rêvait et n'entendait pas Charmus ; Arcas lui avait fait soupçonner que Thersandre rendait des soins à Aglaure ; et se regardant déjà comme abandonnée par son volage amant, elle était tout occupée de sa douleur . . . . » Vous
» croyez aimer éternellement Ther-

» sandre, continuait Charmus, comme » s'il avait lu dans l'ame d'Elise : » peut-être un jour nécessitée par » son inconstance, le quitterez-vous » pour un nouvel amant : vous vo- » lerez ainsi d'objets en objets, et » Charmus ne sera plus, et ce Char- » mus que vous méprisez excitera inu- » tilement vos regrets, comme l'a- » mant passionné qui aurait brûlé pour » vous d'une flamme durable » . . . . Il n'avait pas encore fini de parler, qu'Elise répondait à tous ses discours : » je t'aime, je veux t'aimer, Ther- » sandre, cher Thersandre, je t'ai- » merai toujours! — Eh bien! cruelle » Elise, soyez-en donc toujours aimée. » Je puis embellir à jamais ce que » j'aime ; c'était assez vous assurer » de ma constance : je vous invitais » moins à changer qu'à aimer tou- » jours. Vous préférez Thersandre, » et ses caprices et ses insolences . . .

» Elise, y avez-vous pensé? Plus mobile que les vagues de l'océan courroucé, de quel prix l'ingrat paiera-t-il tant d'amour?... Elise! ah! sois moins cruelle à toi-même : reçois mon hommage, et je vais déployer à l'instant sur toi le pouvoir que je tiens du Dieu qui répand les desirs dans nos campagnes».... La rêverie d'Elise était augmentée : Charmus couvrait de baisers de feu une de ses mains, sans qu'elle s'en apperçût. Il crut qu'elle balançait entre Thersandre et lui; le bonheur et l'espoir se montrèrent à son cœur.... Infortuné Charmus! Elise toute occupée de l'idée que son amant pourrait briser les nœuds qui les unissait; que peut-être déjà il brûle pour Aglaure, ne l'en aime que davantage!.... Elle revient à elle; elle voit Charmus à ses genoux; une rougeur subite se répand sur tous ses traits. » Ah » Dieux! s'écrie-t-elle, vous aurais-je » laissé croire un instant que je pour- » rais oublier Thersandre? gardez- » vous de le penser; je vous quitte, » je vous fuis pour jamais afin de » vous détromper » . . . . Charmus, resté seul, admire cette fidélité qui le désespère et l'enchante; il gémit et n'en est que plus amoureux.

Cependant Thersandre ne jouissait pas d'un état plus tranquille; il avait lu les mots gravés par Arcas, et vu Charmus aux genoux d'Elise; il ne doute pas qu'elle ne l'ait sacrifié à la vanité de se voir embellie. Il la cherche pour l'accabler de reproches; il l'apperçoit. Elise en proie à l'inquiétude qui la déchire, gardait le silence. » Perfide, dit Thersandre, c'est ainsi que tu paies » mon amour? J'ai méprisé pour toi » toutes nos bergères; et la légèreté

» est ma récompense ! et je te pré-
» férerais encore ! et je me piquerais
» d'une folle constance, pour être
» l'objet de la risée ! Non, je vole
» auprès d'Aglaure . . . . tu ne me
» reverras plus » . . . . . Il dit, et
sans laisser à son amante le temps
de se justifier, il s'éloigne. » Hélas!
» s'écrie-t-elle, il aime Aglaure ; il
» l'aime, il l'adore ; il ne m'accable
» de reproches que pour éviter les
» miens . . . . . il sent encore quel-
» que regret à me trahir ; mais la
» douleur va détruire ma beauté ;
» c'est alors qu'il ne m'aimera plus,
» et qu'il ne prendra pas même la
» peine de me tromper . . . O Dieux !
» que faire ! que devenir ! comment
» vivre sans l'amour de Thersandre !...
» Courons près de Charmus; lui seul
» peut me faire triompher de ma ri-
» vale . . . . Mais Charmus que j'ai
» dédaigné m'embellira-t-il pour une

» autre ?... N'importe, il y va de » ma vie, Charmus est généreux; il » ne rejettera point ma prière....
— » Ne craignez point ma rencontre, » belle Elise, lui dit Charmus qui » s'offre à sa vue; je ne vous im» portunerai plus de mon amour; » les Dieux ont eu pitié de moi, » j'aime et je suis aimé; vous con» naissez la jeune Aglaure......
— » Aglaure! oh ciel! qu'entends-je!.. Elise reste sans voix. — » Qu'avez» vous Elise ? — Hélas ! l'ingrat » Thersandre m'abandonne; il aime » Aglaure, et vous allez l'embellir!
— » Elise, vous pouvez l'empêcher... » je sens que vous reprendrez faci» lement encore vos droits sur mon » cœur. Ah ! préférerez-vous un in» fidèle qui vous outrage, à un » amant passionné qui s'offre à ré» pandre sur vous tous les dons de » l'amour ? — Charmus, je suis naïve

» naïve et sincère : Thersandre serait » infidèle, que je ne pourrais l'ou- » blier ; . . . . il le sera sans » doute, puisque vous allez embellir » Aglaure ; . . . . et moi je vais mou- » rir ; il m'en coûtera moins qu'il » ne m'en coûterait pour lui man- » quer de fidélité ! — Consolez-vous, » lui dit Charmus, votre fidélité » touchante me pénètre d'admiration » et de regrets ; mais je veux lui sa- » crifier ma passion . . . . je l'essairai » du moins . . . . . Je n'aime point » Aglaure, et c'est vous que je veux » embellir. Puisse celui que vous me » préférez sentir tout le prix d'un » cœur comme le vôtre ! »

Thersandre était caché près de là pour épier Elise ; il vole ; il tombe à ses pieds : » Elise, chère Elise ! » tu n'es point infidelle! et j'ai osé » te soupçonner ! ah ! que je suis » coupable ! . . . punis-moi ; mais ne

» cesse pas de m'aimer » ! . . . La tendre Elise se précipite dans ses bras, la joie pétille dans ses yeux, tous ses traits prennent une grace nouvelle . . . . Charmus jouit de son sacrifice et de leur bonheur. . . . Il s'éloignait cependant, lorsqu'une jeune bergère, inconnue dans ces cantons, s'offre à ses regards : quelle beauté! elle a tous les traits d'Elise ; mais plus de douceur et de graces. » Que » vois-je ! ah que vois-je, s'écrie » Charmus ! vais-je brûler de nou- » veaux feux » ? . . . Heureux berger, voici le moment que l'amour a marqué pour ta félicité ! . . . La nymphe lui sourit, l'écoute, reçoit son hommage, avoue qu'elle en est flattée. Charmus est heureux, et son bonheur ne lui coûte point de regrets ; il croit brûler encore pour sa nouvelle amante ; . . . Depuis ce jour, le bocage ne cessa plus de retentir des louanges de l'amour, et les amans surent que la fidélité n'est jamais sans récompense.

LES AMOURS DE THÉOGÈNE ET DE CHARIDE.

LES AMOURS
DE THÉOGÈNE
ET
DE CHARIDE (1).

Le Soleil, prêt à se montrer sur l'horizson, remplissait le ciel de sa lumière du côté de l'orient, et faisait pâlir le feu des étoiles. A peine ses rayons eurent-ils doré le faîte du Capitole, qu'on vit le peuple s'empres-

(1) On trouve dans plusieurs ouvrages périodiques anciens une longue histoire intitulée : *du vrai et parfait Amour, écrit en grec par Athénagoras, Sophiste Athénien : contenant les amours honnêtes de Théogène et de Charide, de Phérécide et de Mélangonie*. C'est un tissu d'aventures romanesques, et de combats de pourfendeurs d'hommes. On a cru qu'en réduisant à quelques pages ce morceau très-long ; et en l'écrivant d'un style plus vif, on n'en pourrait faire quelque chose de supportable. C'est cet essai qui a produit ce conte.

ser de toutes parts pour jouir du triomphe qui se préparait. Déjà les haches des licteurs brillaient, les rues étaient tapissées, et les temples ornés de feuillages et de fleurs entrelacés. Chaque citoyen avait paré les murs de sa maison de ce qu'il avait de plus précieux ; les jeunes femmes et les jeunes vierges, appuyées sur les balcons, embellissaient la fête, et leur éclat effaçait celui de la pourpre et de l'or qui brillait de toutes parts.

Les trompettes et les clairons se firent bientôt entendre : un étranger aurait douté si leurs sons perçans annonçaient l'allégresse ou l'alarme publique ; après les joueurs d'instrumens marchaient lentement, et deux à deux, cent vingt taureaux d'une gigantesque stature ; ils avaient été choisis pour servir de victimes ; leurs cornes étaient dorées, et leurs têtes ornées de longs festons de fleurs : de jeunes hommes vêtus de lin, ceints au-dessous des mammelles, les bras et la tête nuds, les conduisaient. A leurs côtés marchaient de jeunes enfans; leur habillement était semblable; leur chevelure que n'avait point encore touché le fer, flottait en longues tresses sur leurs épaules. Ils tenaient en main des vases d'or, d'argent et de vermeille qui renfermaient l'eau lustrale.

Trois cents soldats d'élite venaient après, armés à la légère, le casque en tête, les bras, le col et les jarrêts découverts. Ils marchaient sur deux files, et portaient à quatre, sur leurs épaules, un grand vase d'argent, placé sur un brancard. Ces soixante-quinze vases ciselés contenaient l'or monnoyé pris sur les ennemis : paraissent ensuite quatre cents couronnes d'or et de vermeille portées de même : c'étaient autant de dons faits par les villes de Macédoine. Des soldats armés comme les premiers, portaient des coupes d'or enrichies de pierres précieuses, des vases antiques, et le buffet d'or de Persée qui fermait cette partie de la marche triomphale.

A quelque distance suivait le char de ce Prince, où l'on voyait son habillement de guerre et son diadême. Derrière marchaient les fils de Persée, dont la grande jeunesse excitait la pitié ; les femmes et les filles romaines ne pouvaient retenir leurs larmes à la vue de ces enfans réduits, par la faute de leur père, à une condition si déplorable qu'ils ignoraient encore. On voyait après eux les officiers de leur maison, qui gémissaient de leur servitude, moins encore que de celle de leurs jeunes maîtres.

Couvert d'un large manteau noir,

qui lui enveloppait le corps, venait enfin Persée lui-même, la tête nue, les mains et les pieds chargés de fers : ses officiers le suivaient pénétrés d'affliction, mais montrant dans leurs regards quel mépris ils ressentaient pour un Roi qui avait mieux aimé se laisser traîner en spectacle comme une bête de charge, que de se donner la mort, ou de la chercher les armes à la main.

Un jeune homme, d'une rare beauté, se faisait remarquer parmi ceux qui venaient ensuite ; sa démarche noble laissait voir que son ame n'avait rien perdu de sa dignité naturelle, et qu'elle se conservait libre au milieu des fers. Lorsqu'il passait devant la maison d'Octavius, il fut apperçu par une jeune fille grecque, que ce généreux Romain avait envoyée chez lui après la prise de Mélibée. *O Dieux!* s'écria-t-elle en voyant le jeune Macédonien : c'est Théogène ! . . . La surprise et la douleur l'empêchèrent d'ajouter rien : elle suivit des yeux son amant aussi long-temps qu'elle le put. Dès qu'elle ne le vit plus : » Théogène, dit-elle d'une voix en-» trecoupée de sanglots, il ne me » reste donc point d'espoir d'être à » toi ! Infortunée Charide ! ce n'é-» tait point assez d'être séparée de » celui qui t'est si cher ! la fortune » te réservait de le voir chargé de » chaînes, conduit en triomphe par » un insolent vainqueur, et prêt à » être condamné aux travaux les plus » vils ».

Capito, affranchi d'Octavius, avait entendu Charide se plaindre; il entre dans sa chambre pour la consoler, et la trouve couchée sur son lit, un bras penché vers la terre, et se couvrant de l'autre le visage avec son voile. » Qu'avez-vous, belle Charide,

» lui dit-il ? la vue de ce triomphe
» vous rappelle sans doute trop vive-
» ment les malheurs de votre pays ?
» Mais vous n'aviez que trop lieu
» de vous y attendre, lorsque vous
» en êtes sortie : votre ame a eu le
» temps de s'y préparer. Qu'un mal-
» heur particulier, qui en fait ap-
» préhender de nouveaux, blesse un
» cœur patriote ; c'est un sentiment
» bien naturel : mais la raison doit
» vous dire que vous vous déses-
» périez en vain de la ruine de
» votre pays, qui n'a nul espoir de
» s'en relever. Du moins dans vos
» malheurs personnels vous avez plus
» d'une consolation ; vous êtes libre,
» tandis que vos compatriotes sont
» esclaves : le sort vous a fait tom-
» ber dans les mains d'un protec-
» teur vertueux. Sechez vos pleurs,
» belle Charide ; c'est demain qu'Oc-
» tavius reçoit les honneurs du triom-

» phe, pour avoir vaincu sur mer : » ne lui donnez pas le chagrin de » voir qu'il travaille inutilement à » réparer vos infortunes » . . . . . . Hélas ! la tendre Charide ne pleurait pas seulement le désastre de sa patrie ; mais elle ne voulut pas détromper Capito ; elle lui répondit des choses flatteuses pour Octavius, et promit que s'il n'était pas en son pouvoir d'être sans douleurs, elle les contraindrait du moins ; mais les larmes qu'Octavius ne lui verra pas répandre, n'en couleront pas moins dans son cœur. » Je vous quitte, » Charide, lui dit Capito ; mais je » ne vous abandonnerai pas à vos » sombres pensées. Je vais vous en» voyer Mélangénie ; elle vous ra» contera ses malheurs ; vous en se» rez touchée, et vous verrez avec » quelle constance elle les supporte ». Mélangénie parut bientôt après ; elle

n'était plus de la première jeunesse ; mais elle paraissait encore belle ; sa prudence lui avait donné du crédit dans la maison d'Octavius, et Charide était confiée à ses soins. Son affection et ses complaisances avaient préparé la jeune grecque à la confiance : les cœurs tendres ont besoin de confidens, sur-tout quand ils souffrent ; Charide jette ses bras au col de l'esclave, et lui dit : » ô ma chère
» Mélangénie ! que ne suis-je morte
» aujourd'hui, avant d'avoir vu ce
» qu'il m'a fallu voir ! . . . Eh bien !
» ce spectacle odieux, je serais fâ-
» chée d'en avoir été privée ! Accor-
» dez mon cœur avec lui-même,
» chère amie ; et sur-tout plaignez-
» moi. — Vous aimez, répond Mé-
» langénie, et je l'avais deviné. Il
» est aisé de distinguer la tristesse
» de l'amour de toutes les autres ;
» mais hélas ! vous n'êtes pas la seule

» dont cette passion ait troublé la » tranquillité ». L'amante de Théogène pressa alors Mélangénie de lui faire le récit de ses aventures. Elle espérait par une confiance mutuelle l'intéresser davantage à ses malheurs.

Mélangénie se rendit à ses desirs, et lui dit : „ Il y a vingt-neuf ans » que Carthage, ma patrie, se vit » forcée de se soumettre à la discré» tion du peuple romain, par une » paix qui était un véritable asservis» sement. Annibal, alors Préteur de » la ville, avait juré une guerre irré» conciliable au peuple dominateur : » pour s'attacher le plus grand nombre » des Carthaginois et les intéresser » à ses vues, il fit limiter à l'es» pace de deux ans l'exercice des » Magistrats, qui était auparavant » perpétuel. Cette loi gagna le peuple » à Annibal : mais elle irrita les » grands, qui, par une lâche tra-

» hison instruisaient les Romains du
» projet du grand homme. On lui
» tendit des embûches, et il se vit
» obligé de fuir son ingrate patrie.
» Ampsar, mon père, était son in-
» time ami; il imita son exemple,
» et me laissa chez Gempson mon
» oncle maternel; car ma mère
» était morte, et j'étais trop jeune
» pour suivre mon père. J'étais plus
» sensible qu'on ne l'est ordinai-
» rement à cet âge; je commen-
» çai à prévoir que j'étais réservée
» à de grands malheurs. Mon oncle,
» pour me prévenir tout soupçon d'in-
» telligence avec mon père, me re-
» légua dans une campagne où je
» n'avais nulle société. Déguisée en
» bergère, privée de toute commu-
» nication avec les miens, réduite
» à une compagnie presqu'aussi rus-
» tique que les troupeaux que je gar-
» dais, j'atteignis ainsi quatorze ans,

et

» et mes ennuis croissaient avec mon » âge. Depuis plus de six mois un » jeune marchand de Chypre, nommé » Phérécide, que son père avait en» voyé à Carthage pour s'y instruire » du commerce, venait se promener » dans nos jardins ; j'avais appris dans » mon enfance la langue grecque ; il » se plaisait à s'entretenir avec moi. » Phérécide avait facilement deviné » que j'étais née dans une condition » au-dessus de celle où il me voyait ; » il me demandait souvent qui j'é» tais ; plus d'une fois je fus sur le » point de m'ouvrir à lui ; mais la » crainte qu'il ne fut un espion des » Romains me retenait. L'habitude » de nous voir lui donna de l'amour » pour moi ; je fus long-temps à m'en » appercevoir. Bornée à la compagnie » de mes vieux hôtes, où aurais-je » entendu parler d'amour ? je le » sentis plutôt que je ne le connus.

» Phérécide était aimable et beau ;
» j'en vins à partager son ardeur ;
» et la douce honte qui en fut la
» suite, en me rendant plus réservée,
» ne fit qu'enflammer d'avantage Phé-
» récide. Il s'apperçut du changement
» qui s'était fait dans mon cœur, et
» comprit que l'heure des passions
» était sonnée pour moi. Ses visites
» devinrent plus fréquentes ; l'espece
» d'abandon où il me voyait, l'idée
» qu'il avait que ma naissance était
» distinguée, et que j'avais le cœur
» trop élevé, pour ne point préférer
» de l'écouter à mener la vie d'une
» fille de campagne, redoublait son
» espoir. Mélangénie, me dit-il un
» jour, votre cœur ne devine-t-il pas
» ce que c'est que la tendresse ? je
» ne vous demande point que vous
» m'aimiez ; mais seulement que vous
» soyez persuadée que je vous aime.
» J'ai su démêler votre naissance à

» travers les habits grossiers que vous » portez ; vous pouvez combler mes » vœux ; aurai-je la douleur de les » voir rejetter ? Je lui répondis ingé- » nuement que son amitié m'était » agréable, je lui avouai qui j'étais, » et mon cœur palpita d'une joie pa- » reille à la sienne.

» Nous nous voyons sans cesse ; l'a- » mour rendait ma condition suppor- » table ; mais Phérécide souffrait. » Chère Mélangénie, me disoit-il, » abandonnée de tout le monde, vous » vous appartenez toute entière, vous » pouvez disposer de vous ; ah ! sui- » vez-moi dans ma patrie ; c'est sui- » vre votre époux ; je jure par Junon » que ce n'est qu'à ce titre que vous » m'accompagnerez. Mon père m'aime, » il serrera nos nœuds à Salamine, » et nous serons heureux. . . je lui » demandai quelques jours pour me » décider. Je trouvois dans l'offre de

» Phérécide un remède présent à mon
» infortune, et tout ce qui pouvait
» séduire mon cœur; mes autres es-
» pérances étaient fort incertaines, et
» l'amour me les faisait paraître en-
» core plus frivoles; je me détermi-
» nai donc à accompagner Phérécide.
» Nous prîmes le dieu d'Hymenée à
» témoin de nos sermens. Je suppliai
» Diane, à qui ma mère m'avait
» vouée, d'avoir pour aussi agréable
» la chasteté de mon mariage, que
» ma virginité conservée jusqu'à ce
» jour. De ce moment je crus être
» changée en Phérécide, et que lui
» et moi n'étions qu'un. Je me déro-
» bai de chez le jardinier qui me lo-
» geait, et tout réussit d'abord au
» gré de nos desirs. Notre navigation
» fut heureuse jusqu'à Rhodes; là une
» tempête terrible nous fit désespérer
» de notre salut. J'attendais la mort
» dans les bras de Phérécide; hélas!

» j'étais réservée à des maux plus » cruels. Neptune exauça nos vœux, » le vent tomba, la mer devint calme, » les étoiles reparurent.

» Nous atteignîmes Bérénice, sains » et saufs ; et chacun de nous des» cendit à terre, tandis qu'on répa» rait le vaisseau endommagé par la » tempête. O Charide ! on traite plus » facilement avec les dieux qu'avec » les hommes. Phérécide et moi nous » nous promenions dans un petit bois » d'olivier, tout occupés de notre » amour, que des dangers communs » nous avaient rendu plus cher, lors» que nous fûmes assaillis par une » troupe de brigands embusqués. Phé» récide me défendit avec toute la fu» reur de l'amour. Vaine résistance ! » il succomba sous le nombre ; et moi, » je devins captive. » . . Mélangénie s'arrêta à ces mots ; et ses pleurs lui coupèrent long-temps la voix. Elle

continua ainsi : » Qui peindra ce que
» je sentais ? Je ne versai point de
» larmes ; je ne poussai pas un cri ;
» mon ame était immobile de dou-
» leur. Je restai ainsi pendant quel-
» ques heures, et j'aurais péri sans
» doute dans cet état de stupeur,
» si les brigands qui m'emmenoient
» n'eussent été attaqués par des
» hommes armés qui me délivrèrent
» de leurs mains. Je revins à moi,
» pour mon malheur, et j'appris que
» ceux avec qui je me trouvais étaient
» de Nasamone, détachés à la pour-
» suite de ces brigands de Cyrène,
» dont Phérécide étoit la proie. Leur
» chef allait visiter de la part de son
» prince le temple de Jupiter-Ammon.
» Je dis à cet homme qui révérait
» les dieux que j'étais vouée à Diane,
» et le priai de me faire reconduire à
» Bérénice ; mais il ne pouvait éloi-
» gner aucun de ses gens, dans un

» pays infesté de voleurs. Je le suivis
» donc à Ammon, et j'y tombai ma-
» lade chez la prêtresse de Jupiter,
» à qui Sophonax m'avait confiée.
» Mon ame, abattue par la douleur,
» invoquait la mort; et ma vie fut
» bientôt en danger. Le chef des Na-
» samonéens, pressé par les ordres
» de son maître, fut obligé de m'a-
» bandonner à ma triste destinée; et
» je perdis tout espoir de retrouver
» mon époux. Ma jeunesse me rap-
» pella à la vie et au sentiment de
» mes malheurs. . . . Mais, Dieux!
» que devins-je quand j'appris le dé-
» part de Sophonax? Ah, Phérécide,
» m'écriai-je, c'est donc maintenant
» qu'il te faut dire un éternel adieu!
» O que ne suis-je morte, avant de
» te voir tomber dans les mains de
» ces brigands cruels! Insensée! je
» craignais le courroux du dieu des
» mers, et j'étais destinée à vivre

» sans toi ! O Phérécide ! mon frère ! » mon époux ! je ne sais quel est ton » sort, mais je suis aussi à plaindre » que toi.

» Belle Charide ! comment sup- » porte-t-on sans mourir de si grands » malheurs ? J'ai vécu, pour redeve- » nir esclave ; pour voir la ruine de » ma patrie ; pour pleurer Phérécide ; » et de tous mes maux, l'ignorance » de son sort a toujours été et est » encore le plus cruel. . . . »

» Ah ! Mélangénie, s'écria Charide, » en la baignant de larmes, il y a » plus de rapport que vous ne pensez » entre votre fortune et la mienne. » Pleurons ensemble, chère Mélan- » génie, je vais vous confier mes » douleurs.

» Vous le savez, chère amie, je » suis de Mélibée. Mon père nom- » mé Antoclès, avait le gouverne- » ment de cette ville ; et s'il eût vécu,

» ma patrie ne serait pas ruinée ; mais » il est mort depuis long-temps, et » j'ai perdu ma mère bientôt après » lui. Ainsi je suis restée orphéline, » à l'âge de treize ans, sous la tu- » telle d'un oncle. Un jeune Athénien » nommé Théogène, obligé de sortir » de sa patrie pour une querelle parti- » culière, se retira dans notre ville, » il y a quelques années. Je le vis un » jour que je dansais à la fête de » Diane, devant son temple. Nos » yeux se rencontrèrent, et je baissai la » vue, en rougissant, sans trop savoir » pourquoi. Je ne songeai plus à la » danse, je ne songeai qu'à voir Théo- » gène, et cependant je n'osais le re- » garder. La fête finit, et je rentrai » chez moi, agitée d'un trouble in- » connu. Eusthène, mon tuteur, s'ap- » perçut de mes rêveries ; Nicosie, sa » femme, les attribua au regret de » n'avoir pas remporté le prix ; ses

» longues moralités sur la vanité de » la gloire, m'apprenaient fort bien » qu'elle n'avait point déviné le sujet » de ma tristesse; et le desir de re- » voir Théogène, qui me tourmentait » incessamment, m'instruisit mieux » qu'elle.

» Peu de jours après, Nicosie me » proposa d'aller au temple de Junon. » Ma fille, me dit-elle, vous voici » dans l'âge de l'hymenée : venez de- » mander à la déesse un époux qui » vous convienne. Ces mots me firent » rougir, et mon cœur palpitait en » allant au temple. O Junon, dis-je » à la déesse, en me prosternant aux » pieds de sa statue, daignez appor- » ter quelque soulagement aux ennuis » que me cause la beauté de Théo- » gène, vous savez que mon cœur ne » desire qu'un chaste hymenée; exau- » cez mes vœux, épouse de Jupiter, » exaucez les vœux d'une vierge pure!

» Je rentrais, après avoir fait ma
» prière, lorsqu'un esclave me remit
» une lettre. Jamais mon cœur ne
» battit avec tant de violence. Je me
» retirai précipitamment dans ma
» chambre. . . . O! que devins-je,
» en lisant l'inscription de la lettre :
» *Théogène, à sa chère Charide,*
» *salut*. . . . Mon amant m'appre-
» nait tout l'amour dont il brûlait
» pour moi; le doux espoir qu'il avait
» conçu que je n'avais pas jetté sur
» lui des regards de dédain ou d'in-
» différence. Son oncle nommé Thra-
» sibule, à qui il avait avoué sa pas-
» sion, applaudissait à son choix,
» et, ce jour-là même, il devait le
» conduire chez Eusthène. . . . Je
» ne doutai plus que Junon ne pro-
» tégeât mes amours, et une déli-
» cieuse confiance pénétra mon cœur.

» Thrasibule amena son neveu, et
» les heures avaient coulé bien lente-

» ment jusqu'à ce moment. Les deux
» vieillards s'entretinrent ensemble,
» et Théogène put me parler librement
» de son amour. Qu'il était tendre!
» que ses expressions étaient vraies et
» touchantes! Je lui déguisai mal tout
» ce qu'il m'inspirait. Il m'apprit son
» histoire; il était exilé d'athènes pour
» trois ans, parcequ'il avait tiré l'é-
» pée pour un de ses amis; son père,
» Polycrate, l'un des principaux de
» la ville, l'aimait tendrement, et
» comblerait ses vœux, si je les par-
» tageais; en un mot il ne me dit
» rien qui ne me rendît fière de mon
» choix. Je lui avouai bientôt toute
» ma tendresse; nous nous procurâ-
» mes les moyens de nous voir sou-
» vent, et l'année que Théogène de-
» vait passer encore loin de sa patrie,
» s'écoula dans ce doux commerce,
» comme un beau jour. Prêt à retour-
» ner à Athènes, mon amant me de-

» manda à Eusthène, dont il s'était
» fait aimer. Personne jusqu'alors ne
» m'avait recherchée; mais en ce mo-
» ment il se présenta plusieurs pré-
» tendans, l'un desquels eut des pa-
» roles très-vives avec Théogène. Ce
» rival avait des amis puissans, qui
» tous portaient envie à mon amant.
» Ils ourdirent ensemble une abomi-
» nable trame, et firent courir le bruit
» que Théogène sous le prétexte d'un
» feint exil, était un espion des Athé-
» niens, chargé d'entretenir leur in-
» telligence dans Mélibée. Ce fut en-
» vain que Thrasibule s'offrit pour
» caution de son neveu, on lui or-
» donna de le faire sortir de la ville
» avant deux jours.

» Consternés de ce coup imprévu,
» nous résolumes du moins de nous
» donner l'un à l'autre aux pieds des
» autels. Je me rendis le lendemain
» au temple de Junon; Théogène m'y

» attendait, et nous y prîmes la déesse
» à témoin de la foi que nous nous
» jurions. Je pressai mes lèvres contre
» ses lèvres, et mon cœur contre son
» cœur, pour sceller mes sermens,
» mais je répandis en même temps
» une telle abondance de larmes, que
» je ne pus parler. . . . Il fallut enfin
» nous séparer. Mon cher Théogène
» ne pouvait rester à Mélibée; il ne
» pouvait encore retourner à Athènes;
» nous convînmes donc qu'il voya-
» gerait sur les côtes de l'Asie mi-
» neure, jusqu'au moment fortuné
» où nous pourrions nous réunir; et
» qu'il me donnerait exactement de
» ses nouvelles.

» Je n'en ai reçu qu'une fois; les
» malheurs de ma patrie sont surve-
» nus; notre ville a été saccagée, et
» je n'ai dû qu'à la générosité d'Oc-
» tavius la conservation de mon hon-
» neur. Je ne comptais plus revoir

» Théogène. . . . Hélas ! je l'ai revu ; » et ç'a été le jour du triomphe où » mes yeux l'ont apperçu parmi les » esclaves qu'à fait Paul Emile. O » ma chère Mélangénie, jugez de » mes craintes ; jugez de ma douleur ; » c'est en vain que je jouis de la li- » berté si je ne puis la lui rendre ; » et comment y parvenir ? »

Charide se tut à ces mots ; Mélangénie l'embrassa, la rassura, et lui promit de découvrir Théogène. Cependant en faisant la revue des prisonniers de guerre, on avait remarqué ce beau jeune homme ; et sa noble contenance, faisant soupçonner sa condition, on ne l'avait point mis avec ceux qui devaient être vendus. Les ambassadeurs de Lolis Roi de Thrace, dont le fils avait suivi le parti de Persée, conduisoient à leur suite un athénien nommé Polycrate ; c'était le père de Théogène.

Informé du sort de son fils, ce vénérable vieillard venait le réclamer. Théogène combattait pour Persée quand il tomba dans les mains des Romains; mais des circonstances malheureuses l'avaient seules contraint à servir ce Prince, sans être leur ennemi. Comment l'aurait-il été, lui né et nourri à Athênes, Ville si connue par son attachement pour la République?

Polycrate exposa toutes ces choses avec tant de force et d'éloquence, que le sénat lui accorda son fils sans rançon, et Mélangénie sut bientôt qu'ils étaient partis pour Athènes. Sa jeune amie ne desira plus que de retourner dans sa patrie pour se rapprocher de son amant. Octavius se rendit à ses instances, et lui donna Capito pour la réconduire. Elle trouva à Mélibée une lettre de Théogène qui racontait à Nicosie sa captivité et sa délivrance, lui témoignait la plus vive inquiétude

quiétude sur le sort de Charide, et la ferme résolution, si elle était en esclavage, et qu'il ne put l'en tirer, de se vendre au même maître pour être avec elle. La tendre Charide le fit avertir à l'instant de son retour; et bientôt ils furent, dans les bras l'un de l'autre, dédommagés de tous leurs maux.

La jeune Grecque, reconnaissante comme tous les cœurs sensibles, n'oublia point sa consolatrice Mélangénie. Le généreux Octavius lui accorda la liberté de cette jeune Carthaginoise, qui pleura toujours Phérecide; mais les pleurs sont doux, quand ils tombent au sein de l'amitié.

LES HOMMES
DE
PROMÉTHÉE.

LES HOMMES DE PROMÉTHÉE.

JUPITER, vainqueur des Titans, était maître paisible de l'Univers, et les audacieux enfans de la Terre, consumés par les foudres célestes, ou enchaînés dans le Tartare, ne troublaient plus le repos des Immortels; le reste des Titans échappés aux Dieux, errait tristement sur la Terre affligée de leur défaite. Prométhée, l'un d'entr'eux, promenant sa vue sur le sommet du Caucase, et de là découvrant les contrées fertiles et désertes de l'Asie . . . . » quoi! dit-» il, parce que nous avons voulu » conquérir les Cieux, la Terre res-» tera-t-elle veuve et solitaire? . . . .

» Osons venger son injure. Presque » tous mes frères sont tombés : eh » bien ! n'escaladons plus le ciel, » nous succomberions encore ; mais » devenons les rivaux des Dieux ; » imitons leur puissance et leurs œu- » vres, et donnons des habitans au » monde ».

Il dit, et conçut l'idée de l'Homme. Aussitôt il prend une terre vierge, qui retient encore des semences célestes ; il détrempe cette argille pure dans l'eau des fleuves, et modèle l'Homme d'après les Dieux mêmes(1). L'argile, docile sous ses doigts, devient compacte et solide, souple et fibreuse, selon que l'ordonne Prométhée. Les parties in-

---

(1) Injecta monstris Terra dolet suis ;
Mœret que partus fulmine luridum,
Missos ad orcum. (*Horat. L. 3, Od.* 4.)

Finxit in effigiem moderantem cuncta Deorum.
(*Ovid., Metam., L.* 1.)

fléxibles composent les os; les élémens humides et terrestres s'étendent, et forment ce tissu merveilleux qui couvre et enveloppe le corps humain (1). L'Homme paraît. La majesté de son port, sa tête élevée vers le ciel, semblent désigner le maître de l'Univers. Près de lui l'on apperçoit la Femme, la Femme, ce chef-d'œuvre admirable de graces et de beauté. Jamais couple ne fut plus différent et plus semblable. L'un semble formé pour la méditation et le courage; l'autre pour la douceur et les graces; celui-là pour le travail et l'amour; celle-ci pour le plaisir et l'amour. Le regard imposant de l'un, son front majestueux, paraissent lui donner quelque supériorité. Ses cheveux sem-

(1) Sic modò quæ fuerat rudis et sine imagine, tellus
induit ignotas hominum conversa figuras.

(*Ovid. Metam. L.* 1.)

blables à l'hyacinthe, et fièrement annelés, se séparent sur son front: la chevelure de l'autre, longue, éparse, ondoyante, tombe comme un voile jusqu'au bas de sa taille élégante et déliée (1). L'ébene de ses

---

(1) Two of far nobler shape, erect and tall,
Godlike erect, wi.h native honour clad
In naked majesty, seem'd lords of all,
And worthy seem'd . . . .
. . . .
. . . . Though both
Not equal, as their sex not equal seem'd;
For comtemplation he, and valour form'd,
For softness she, and sweet attractive grace;
He for god only, she for God in him.
His fair large front and eye sublime declar'd
Absolute rule; and hyacinthin locks
Round from his parted forelock manly hung
Clust'ring, but not beneath his shoulders broad.
She, as a veil down to the slender waste
Her unadorned golden tresses wore
Dishevel'd, (*Parad. lost. Book IV.*)

tresses flottantes se recourbe en mille nœuds, et vient ombrager un front d'ivoire, où naissent des sourcils qui se terminent par un arc inperceptible; des paupières noires couronnent ses yeux qui brillent d'une humide flamme; le lait n'est pas plus blanc que sa peau délicate, où le sang refléte sa pourpre et son éclat; son sein, qui bientôt palpitera sous la main de l'amour, ressemble à deux touffes de lys, où la rose va s'échapper du bouton; Pandore est enfin le modèle de la beauté. Mais ces deux admirables ouvrages sont encore inanimés comme le marbre et l'airain; il faut leur donner le sentiment, le mouvement, la vie, le souffle divin, qui n'appartient qu'aux Dieux.

L'audacieux Prométhée ose monter jusqu'à l'Olympe, et y dérober une portion de ce feu céleste qui est l'ame de l'Univers (1). Il revient avec son précieux larcin ; mais avant que d'approcher le feu divin de ces deux masses de terre, il les sépare, et les place en deux endroits différens, pour mieux jouir du spectacle qu'ils vont lui donner, en passant du néant à l'être, et sur-tout du moment de leur réunion.

Alors il les anime et les rend vivantes ; toute leur ame se peint sur leur visage ; et leurs sensations se manifestent. Quel instant de joie et de trouble, que celui où l'Homme sent pour la premiére fois son existence ! Il ne sait ce qu'il est, où il est, d'où il vient. Il ouvre les yeux : la lumière, la voûte céleste, la verdure de la terre, le cristal des eaux,

(1) Audax Japeti genus
Ignem fraude malâ gentibus intulit :
. . . . ignem ætheriâ domo
Subductum. . . — (*Horat. Od.* 3. *L.* 1.)

tout l'occupe ; tout lui donne un sentiment de plaisir ; son cœur nage dans la joie ; il croit d'abord que tout est en lui et fait partie de lui-même.

L'Homme tourne ses regards vers l'astre du jour ; son éclat le blesse ; il ferme involontairement la paupière ; une légère douleur se fait sentir dans ce moment d'obscurité ; il croit avoir perdu presque tout son être.

Affligé, frappé de terreur et de surprise, l'Homme entend tout-à-coup des sons ; le chant des oiseaux, le murmure des airs, forment un concert, dont la douce impression le remue jusqu'au fond de l'ame ; il écoute long-temps, et se persuade que cette harmonie est en lui. Occupé tout entier de cette nouvelle existence, il oubliait déjà la lumière, lorsqu'il rouvrit les yeux. Quelle joie de se retrouver en possession de cette autre partie de son être ! Il fixe ses regards sur mille objets divers qu'il peut détruire et reproduire à son gré, en ouvrant ou fermant la paupière. Un air léger dont il sent la fraîcheur, lui apporte des parfums délicieux. Agité par tant de sensations, pressé par le plaisir d'une si grande existence, il se leve tout-à-coup, et se sent transporté par une force inconnue.

L'Homme ne fait qu'un pas, et sa surprise est extrême ; il croit que son existence le fuit. Le mouvement qu'il a fait a confondu tous les objets ; il s'imagine que tout est en désordre. Il porte la main sur sa tête, touche son front, ses yeux, et parcourt son corps. Sa main, qui lui donne des sensations distinctes et completes, lui paroît alors le principal organe de son existence ; il s'apperçoit que cette faculté de sentir est répandue dans toutes les parties de son être ; il s'examine long-temps, se regarde avec plaisir, suit sa main de l'œil, observe tous ses mouvemens.

En marchant, la tête levée vers le ciel, il se heurte contre un palmier; saisi d'effroi, il porte la main sur ce corps étranger, il s'en détourne avec une espèce d'horreur, et connaît, pour la première fois, qu'il y a quelque chose hors de lui. Alors il apperçoit des créatures qui vivent, qui marchent, qui volent; il voit des montagnes, des vallées, des bois épais, des ruisseaux qui fuyent en murmurant, il est transporté d'un si beau spectacle.

Tant d'expériences qui le conduisent de surprise en surprise, tant d'incertitudes, de sensations et de mouvemens, le fatiguent; ses genoux fléchissent, il s'assied. Cet état de tranquillité donne de nouvelles forces à ses sens. Il se reposait à l'ombre d'un bel arbre; des fruits d'une couleur vermeille descendent en forme de grappe à la hauteur de sa main ; il s'en saisit : une odeur délicieuse l'engage à les approcher de ses yeux pour les observer mieux ; le fruit se trouve près de ses lèvres ; il goûte à longs traits les plaisirs de l'odorat ; sa bouche s'ouvre pour exhaler cet air embaumé dont il est intérieurement rempli ; elle se rouvre pour en reprendre. L'Homme sent qu'il possede un odorat intérieur plus fin, plus délicat que le premier; enfin il goûte. Quelle saveur ! quelle nouveauté de sensations ! Jusques-là l'Homme n'avait eu que des plaisirs, le goût lui donne le sentiment de la volupté ; il croit que la substance de ce fruit est dévenue la sienne, et qu'il est le maître de transformer les êtres. Il cueille un second, un troisième fruit, et ne se lasse pas d'exercer sa main pour satisfaire son goût; mais une langueur agréable s'emparant peu-à-peu de tous ses sens, appésantit ses membres, et suspend l'activité de son ame. Ses yeux se ferment; sa tête penche pour trouver un apui sur le gazon; tout s'efface, tout disparaît; la trace de ses pensées est interrompue; il perd le sentiment de son existence; il dort (1). . . . . Cependant que faisait la belle Pandore ?

La douce lumière vient, pour la première fois, ouvrir ses yeux étonnés; elle se trouve mollement couchée sur un tapis de verdure, émaillé de fleurs, à l'ombre d'un bosquet. Elle ignore qui elle est, où elle se trouve, comment elle existe; elle en-

(1) Cette histoire succincte des premiers mouvemens, des premières sensations, des premiers jugemens d'un Homme qui, doué d'organes parfaitement achevés, s'éveillerait tout neuf pour lui-même et pour tout ce qui l'environne, est extraite du célèbre et immortel BUFFON : nous n'y avons fait que les changemens nécessaires pour l'adapter à notre situation.

tend le murmure d'un ruisseau qui sortait d'une grotte voisine; son onde répandue formait une plaine limpide, et sa tranquille surface représentait la pureté des cieux. Ce fut là que Pandore porta ses premiers pas; elle s'incline sur ces rives ondoyantes, et se regarde dans ce cristal qui semble un autre ciel. En se penchant, elle apperçoit une figure qui se penche aussi vers elle; Pandore recule en tressaillant, cette figure tressaille et recule; un charme secret la rapproche, le même charme l'attire. Le bel objet, qui n'était que son image, l'aurait retenue plus long-temps (1), si

(1) That day I oft remember, when from sleep
I first awak'd, and found myself repos'd
Under a shade, on flow'rs, much wond'ring where
And whalt I was, whence thither brought, and how.
Not distant far from thence a murm'ring sound
Of waters issued from a cave, and spread
Into a liquid plain, then stood unmov'd

l'Homme, sorti de son sommeil, n'avait porté ses pas vers elle. Pandore l'apperçoit; il lui semble beau et majestueux, mais d'une beauté moins douce et moins attrayante que celle de l'image fugitive qu'elle avait vue dans les ondes. Un leger saisissement la fait reculer à sa vue (1). L'Homme qui voit une forme semblable à la

Pure as th'expanse of heav'n ; I thither went
With unexperienc'd thought, and laid me down
On the green bank, to look into the clear
Smooth lake, that to me seem'd another sky.
As I bent down to look, just opposite,
A shape within the watry gleam appear'd,
Bending to look on me : I started back
It started back ; but pleas'd I soon return'd,
Pleas'd it return'd as soon with answ'ring looks
Of simpathy and love : &c. (*Parad. lost, Book IV.*)

(1) . . . . fair indeed and tall,
Under a plantan; yet methought less fair,
Less winning soft, less amiably mild,
Than that smooth watry image : back I turn'd ; (*Ib.*)

t

sienne, la prend pour un autre lui-même. . . . . Quelle surprise ! loin d'avoir rien perdu pendant qu'il a cessé d'être, il croit s'être doublé ; . . . mais non, ce n'est pas lui ; c'est plus que lui ; c'est mieux que lui ; il se trouve tout en elle ; ses regards inspirent à son cœur un sentiment inconnu ; il croit que son existence va changer de lieu, et passer toute entière à cette seconde moitié de lui-même ; il l'appelle ; il la suit ; » arrête, » belle Pandore, ah ! que crains-tu ? » De joindre un autre toi-même ? » Sa main saisit tendrement la main de Pandore, qui s'écrie à son tour : » Quels sons ont frappé mon oreille, » et pénétré mon cœur ? Où suis-je ? » Qui suis-je ? O toi, que je vois seul » ici semblable à moi, toi qui double » le sentiment de mon existence, n'es-» tu pas une partie de moi ? » . . . Elle dit, et l'incarnat de son teint efface les plus vives couleurs de l'aurore. L'Homme enflammé d'amour, la presse dans ses bras; il sent Pandore s'animer sous sa main; il la voit prendre de la pensée dans ses yeux; il puise dans les siens une nouvelle source de vie; il aurait voulu lui donner tout son être; et cette volonté vive et brûlante achève son existence; l'Homme sent naître un sixième sens; il la conduit au berceau nuptial. La voûte est un tissu de lauriers, de myrthes et d'arbrisseaux odorans, dont le feuillage forme un couvert épais. De tous côtés l'acanthe et mille buissons embaumés palissadent le mur verdoyant. Les branches, l'iris nuée de superbes couleurs, les roses, le jasmin et mille autres fleurs élèvent leurs têtes embaumées (1). Sous les pieds, le safran,

(1) . . . . The roof
Os thickest covert, was inwoven shade,
Laurel and myrtle; and what higher grew,

les pensées, les violettes, l'hasphodèle et l'hyacinthe émaillent la terre et leur servent de couche ; la terre tressaillit ; les oiseaux redoublent leurs concerts ; les zéphirs murmurent plus tendrement, et secouent de leurs ailes légères les roses, et les parfums des arbrisseaux(1). Dans cet instant l'astre

---

Of firm and fragrant leaf; on either side
Acanthus, and each odorous bushy shrub,
Fenc'd up the verdant wall; each beauteous flower,
Iris all hues, roses, and jessamin,
Rear'd high their florish'd heads between, and wrought
Mosaic; underfoot the violet,
Crocus, and hyacinth, with rich inlay
Broider'd the ground; more color'd than with stone,
Of costliest emblem :

(1) . . . . The earth
Gave sign of gratulation, and each hill
Joyous the birds, fresh gules, and gentle airs.
Whisper'd id to the woods, and from their wings
Flung rose, Flung odors from the spicy shrub
Disporting!

du jour sur la fin de sa course éteignait son flambeau ; le couple heureux s'apperçut à peine qu'il perdait le sens de la vue ; il existait trop pour craindre de cesser d'être.

ARMIDE

ET

RENAUD.

ARMIDE

ET

RENAUD. (1)

Qui ne connaît Armide et ses perfidies ? Qui ne sait par quels artifices elle entraîna sur ses pas les plus braves des Croisés ? Le palais de l'In-

(1) Ici tout notre travail consiste à avoir réuni et ajusté les morceaux qui composent l'épisode admirable des amours d'Armide et de Renaud, et qui sont épars dans les XIV.e, XV.e et XVI.e livres de la Jérusalem délivrée. Nous avons cru que, rassemblés ainsi, et dégagés de tout accessoire étranger, de tout ornement superflu qui diminue l'intérêt, ils plairaient davantage encore. Comme notre traduction est quelquefois assez libre, quoique le plus souvent nous ayons suivi la dernière que l'on a donnée du Tasse, désespérant de faire mieux, on trouvera dans les notes les passages les plus rémarquables du texte, que nous avons imités, et aussi les principales idées que le Tasse peut avoir empruntées.

fidele devint leur prison, et, chargés de fers, elle les envoyait à Gaza, quand un Héros rompit leurs chaînes, et finit leurs malheurs. Renaud, l'indomptable Renaud charge leurs gardes, les égorge ou les met en fuite, et rend aux Chrétiens leurs armes.

Quand Armide se vit enlever sa proie, de douleur elle se déchira les mains, et se dit : » non, il ne faut pas » qu'il se vante d'avoir dérobé mes » captifs aux liens que je leur avais » donnés. Il a brisé leurs fers ! qu'il » les porte lui-même ! qu'il gémisse » sous les tourmens que j'avais des» tinés à tant d'autres : c'est trop peu » pour ma vengeance ; je jure de les » exterminer tous ». Elle dit, et dans son cœur elle ourdit une trame nouvelle. Elle vole sur les lieux où Renaud a vaincu et immolé ses guerriers. Le Héros qui, dans son bouillant ressentiment d'un outrage, fuyait le camp des Croisés, pour parcourir seul l'Égypte, et s'y couvrir de palmes ou de cyprès, Renaud avait laissé son armure sur la place même où il avait combattu; et pour se cacher sous des dehors inconnus, s'était chargé de celle d'un Infidele. Armide prend ses armes, en couvre un cadavre mutilé, le jette sur la rive d'un fleuve où bientôt une troupe de Chrétiens devait se rendre, et répand parmi les Croisés le bruit de sa mort; puis elle attend Renaud sur les bords de l'Oronte. Le Guerrier s'y arrête dans un endroit où ce fleuve se divise, et forme une île qu'il embrasse de ses eaux. Il voit une colonne sur la rive. Tout auprès était un bateau. Il fixe les yeux sur un marbre blanc artistement travaillé, et y lit cette inscription en lettres d'or:

» Qui que tu sois, ô Voyageur,
» que le hazard ou ton choix
» conduit sur ces bords, le so-

» leil, dans son cours, n'éclaire
» point de plus grandes mer-
» veilles que celles qui sont ca-
» chées dans cette île : passe, si
» tu veux les connoître ».

Le Guerrier imprudent céde au desir curieux qui l'entraîne, et s'élance dans la barque, qui peut à peine le recevoir.

Déjà il est sur l'autre bord ; ses regards avides parcourent la surface de l'île, et n'y rencontrent que des grottes, des eaux, des gazons et des fleurs; il est honteux de sa crédulité. Cependant ce lieu rit à sa vue ; un charme invisible l'y retient ; il s'y arrête, détache son casque et respire un air délicieux. Soudain l'onde murmure ; Renaud porte les yeux sur le fleuve. Au milieu, s'élève une vague qui tourne et se replie sur elle-même ; bientôt il voit flotter une blonde chevelure ; puis il apperçoit la tête d'une

Nymphe, puis son col, sa gorge, son corps enfin, qui semble formé par l'amour et les graces (1).

Telle, dans ces spectacles nocturnes que nos théâtres étalent, on voit une Déesse sortir lentement du sein de la nue : telles encore autrefois on peignait ces perfides Syrènes. Comme elles, cette fille des eaux charme les yeux par sa beauté ; elle charme, comme elles, les oreilles par ses chants (2).

---

(1) Il fiume gorgogliar fra tanto udio
Con nuovo suono, e là con gli occhj corse ;
E mover vide un' onda in mezzo al rio
Che in se stessa si volse, e si ritorse :
E quinci alquanto d'un crin biondo uscìo,
E quinci di donzella un volto sorse,
E quinci il petto e le mammelle, e de la
Sua forma infin dove vergogna cela.

Le Dante a quelque chose de semblable *in f.* 31, 4. *Vide in fin l'addov. appar. vergogna.*

(2) Sic, ubi tolluntur festis aulæa theatris,
Surgere signa solent, primùmque ostendere vultus,

» Cœurs tendres et sensibles, vous » que le printemps couronne de ses » roses, ah! ne vous laissez pas éblouir » aux rayons trompeurs de la gloire » et de la vertu. Heureux qui suit » toujours la loi de ses desirs! Heu- » reux qui cueille dans chaque saison » de la vie les fruits qu'elle fait naître! » C'est le vœu de la sagesse : c'est le » cri de la nature (1). Insensés, pour- » quoi laissez-vous faner ces fleurs pas- » sagéres que la jeunesse fait éclorre?

Cætera paulatìm, placidoque educta tenore,
Tota patent, imoque pedes in margine ponunt.

(*Ovid.*, *L. IV Metam.*)

(1) Questo grida natura, &c.

C'est la morale d'Épicure.

Non ne videre
Naturam sibi nil aliud latrare, nisi ut cum
Corpore sejunctus dolor absit, mente fruatur
Jucondâ sensu, curâ semota metuque.

(*Lucret. II.*)

» Ce prix que le monde donne à la » valeur, cette gloire qu'il vante, » n'est qu'un vain nom, une trompeuse chimère. La renommée dont » le bruit flatte votre superbe oreille, » n'est qu'un écho, un songe, l'ombre d'un songe, que le moindre » souffle fait évanouir. Jouissez sans » inquiétude; que votre ame s'abandonne sans remords à l'yvresse de » vos sens : noyez dans l'oubli vos » chagrins et vos peines, et que jamais une triste prévoyance n'anticipe sur les maux que l'avenir vous » prépare : que le ciel, à son gré, menace et lance ses carreaux brûlans; » riez du vain bruit de ses foudres; » tranquilles au sein des plaisirs, n'écoutez que la sagesse et la nature(1) ».

---

(1) O giovinetti, mentre Aprile, e Maggio
V'ammantan di fiorite e verdi spoglie;
Di gloria, o di virtù fallace raggio
La tenerella mente ah non v' invoglie.

Par ses chants harmonieux, l'enchanteresse endort le jeune Guerrier. Un doux sommeil entraîne et maîtrise ses sens. Armide pleine de sa vengeance, sort du lieu qui la cache, et court à lui. Mais quand elle l'a fixé, quand elle a vu ce front calme, ces lèvres où repose le sourire, ces yeux dont le sommeil même ne peut lui dérober l'éclat;

Solo chi segue ciò che piace è saggio,
E in sua stagion degli anni il frutto coglie:
Questo grida natura: or dunque voi
Indurerete l' alma ai detti suoi?

Folli, perchè gettate il caro dono,
Che breve è sì, di vostra età novella?
Nomi senza soggetto, idoli sono
Ciò che pregio e valore il mondo appella.
La fama che invaghisce a un dolce suono
Voi superbi mortali, e par sì bella,
E un Eco, un sogno, anzi del sogno un' ombra
Ch' ad ogni vento si dilegua e sgombra.

Goda il corpo sicuro, e in lieti oggetti
L'alma tranquilla appaghi i sensi frali:

elle

elle hésite, elle s'arrête, elle soupire; elle sent expirer sa colère. Assise auprès de lui, elle admire ses graces; ses regards sont attachés sur son charmant visage, comme ceux de Narcisse sur la fontaine qui réfléchit son image. De son voile elle essuie la suenr qui mouille les joues du Héros;

Obblii le noje andate, e non affretti
Le sue miserie in aspettando i mali.
Nulla curi, se'l ciel tuoni o saetti:
Minacci egli a sua voglia e infiammi strali.
Questo è saper, questa è felice vita,
Si l'insegna natura, e si l'addita.

Nomi e senza sogetto &c.

Horace a dit:

. . . . Aut virtus nomen inane est,
Aut decus, aut pretium rectè petit experiens vir.

On trouve aussi dans Pétrarque:

Non fate idolo un nome
Vano senza soggetto.

d'un souffle amoureux elle rafraîchit l'air brûlant qu'il respire. . . . . (1) Qui le croirait? . . . . Ce cœur plus dur que le diamant, plus froid que la glace, se fend, s'amollit, ne connoît plus que le feu de l'amour, et d'ennemie implacable est devenue la plus tendre amante. Des fleurs qui croissent dans ces beaux lieux, elle forme des liens artistement tissus; elle en serre les bras et les pieds de Re-

(1) Ma quando in lui fissò lo sguardo, e vide
Come placido in vista egli respira:
E ne' begli occhj un dolce atto che ride,
Benchè siam chiusi, (or che fia s'ei gli gira?)
Pria s'arresta sospesa: e gli s'asside
Poscia vicina, e placar sente ogn'ira,
Mentre il risguarda: e in su la vaga fronte
Pende omai sì, che par Narciso al fonte.

E quei, ch'ivi sorgean vivi sudori,
Accoglie lievemente in un suo velo:
E con un dolce ventilar, gli ardori
Gli va temprando dell' estivo cielo.

naud, le place sur son char, et d'un vol rapide s'élève avec lui dans les airs. Ce n'est point à Damas, ce n'est point dans ce château funeste aux Chrétiens qu'elle dépose sa proie. Honteuse de sa foiblesse, dévorée d'une flamme jalouse, elle va loin des rives connues, se cacher au sein de l'océan; elle choisit pour son séjour une île déserte et solitaire, l'une de celles que nous appellons fortunées.

Sur la cime d'un roc qui menace les nues, et que couvrent des ombres épaisses, elle creuse un lac, et bâtit un palais; par la force de ses enchantemens, le penchant de la montagne est couvert de neige, pendant que le sommet est couronné de fleurs et de verdure (1). Là dans un printemps

---

(1) Claudien dans sa description du mont Etna, (*L. 1, de raptu Proserpinæ.*) dit :

Sed quamvis nimio fervens exuberet æstu,
Scit nivibus servare fidem.

éternel, Armide et Renaud coulent des jours filés par la mollesse et les plaisirs. Ce superbe palais, dans sa forme circulaire, embrasse des jardins dont jamais rien ne peut égaler la beauté, et qui porte dans tous les sens le desir et la volupté. De magnifiques pavillons, ouvrages des esprits infernaux, regnent autour de ces bosquets, et forment pour les cacher un tortueux dédale.

Que de soins n'a pas pris la magicienne puissante pour défendre l'abord de ce séjour délicieux! que d'obstacles n'a-t-elle pas préparés pour en écarter le brave Ubalde et ce généreux Danois, qui, députés par les Chrétiens, et guidés par la protection céleste, ont entrepris de rendre Renaud aux combats et à la gloire!

Un sentier ardueux conduit à ce palais. Le pied de la montagne est couvert de neiges et de frimats; plus loin, un verd gazon est émaillé de fleurs; des arbres y répandent leur ombrage; les lys et les roses y naissent au milieu des glaces. Tout y atteste un pouvoir magique vainqueur de la nature. Les deux guerriers s'avancent; un affreux dragon vient, en rampant, leur disputer le passage. Son corps est couvert d'écailles jaunissantes; il dresse sa tête altière, et son col est gonflé de colère; la flamme étincelle dans ses yeux, et de sa gueule sortent des vapeurs empoisonnées; tantôt il se ramasse et se replie; tantôt il s'allonge, et traîne après lui ses tortueux anneaux (1). Plus loin rugit

(1) Veggion, che per dirupi, e frà ruine
S'ascende alla sua cima alta e superba:
E ch'è fin là di nevi e di pruine
Sparsa ogni strada: ivi ha poi fiori, ed erba.
Presso al canuto mento il verde crine
Frondeggia: e'l ghiaccio fede ai gigli serba,
Ed a le rose tenere; cotanto

un lion menaçant : sa crinière se hérisse ; de sa queue il bat ses flancs, et s'excite à la colère ; sa gueule sanglante s'ouvre, pour dévorer sa proie (1). . . . . Une foule de monstres

Puote sovra natura arte d'incanto !
. . . .
. . . .
Ma esce, non so donde, e s' attraversa
Fiera serpendo orribile e diversa.
  Innalza d' oro squallido squamose
Le creste e'l capo, e gonfia il collo d'ira :
Arde negli occhj ; e le vie tutte ascose
Tien sotto il ventre ; e tosco e fumo spira.
Or rientra in sestessa, or le nodose
Rote distende, e sè dopo se tira.

(1) *Homere, dans l'Illiade* ; 20.
ΟΥΡΗ ΔΕ ΠΛΕΥΡΑΣ &c.

Et Lucain : . . . . Sic cum squallentibus arvis
Æstiferæ Libyes, viso leo cominus hoste
Subsedit dubius, totam dum colligit iram ;
Mox ubi se sævæ stimulavit verbere caudæ
Erexitque jubam.

succède, plus difformes, plus terribles... Armide semble avoir dans ces lieux transporté les enfers..... Vaines illusions, que dédaigne le courage, et qui fuyent à l'aspect des guerriers ! Ils ne trouvent plus d'obstacles que les précipices et les glaces.

Mais bientôt ils ont franchi ces rudes et pénibles sentiers. Le sommet de la montagne offre à leurs yeux une plaine riante, sous un ciel pur et serein : un air délicieux y est parfumé par les fleurs, et rafraîchi par les zéphirs ; leur haleine toujours égale, n'y reçoit point du soleil le mouvement ou le repos ; l'été n'y darde point ses feux ; l'hyver ne s'y arme point de glaces ; les nuages n'y troublent point la sérénité des airs ; un azur éternel y embellit les cieux. Sur des gazons toujours verds, brillent des fleurs toujours nouvelles : les arbres y conservent un immortel feuillage (1). Le palais enchanté s'élève dans ces beaux lieux, et paraît le trône

---

(1) Ma poi che già le nevi ebber varcate,
E superato il discosceso e l'erto;
Un bel tepido Ciel di dolce state
Trovaro, e'l pian su'l monte ampio ed aperto,
Aure fresche mai sempre, ed odarate
Vi spiran con tenor stabile e certo:
Nè i fiati lor, siccome altrove suole,
Sopisce, o desta ivi girando il sole.

Nè, come altrove suol, ghiacci ed ardori,
Nubi, e sereni a quelle piagge alterna;
Ma il Ciel di candidissimi splendori
Sempre s'ammanta, e non s'infiamma, o verna;
E nutre ai prati l'erba, a l'erba i fiori,
Ai fior l'odor, l'ombra a le piante eterna.

Lucrece a dit:

Apparet divum numen, sedesque quietæ
Quas neque concutiunt venti, neque nubila nimbis
Aspergunt, neque nix acri concreta pruina
Cana cadens violat semperque innubilus æther
Integit et latè diffuso lumine ridet.

du monarque, qui regne sur ces monts et sur ces mers.

Dans une route semée de fleurs, les deux guerriers s'avancent à pas lents, et quelque fois ils s'arrêtent. Une fontaine qui jaillit du sein d'un rocher offre à leur bouche altérée une onde pure et limpide; ses flots se divisent en mille rameaux, et par des routes secrètes, vont abreuver les plantes et les fleurs. Bientôt ils se réunissent dans un canal profond, et roulent en murmurant sous l'ombrage épais des arbres qui les couvrent. Ce cristal transparent réfléchit tous les objets qui l'environent ; sur ses rives un tendre gazon offre aux voyageurs un lit de verdure..... mais celui qui envoye les guerriers chrétiens, éclairé par le ciel même, a prévu tous ces piéges, et leur a montré l'art de les braver. » Voilà, disent-ils, » la fontaine, qui, dans son froid

» crystal, cache de secrets et funestes
» poisons. Voilà cette fontaine fatale
» qui coule pour le malheur des mor-
» tels. Qui boit de ses eaux est sur-
» pris d'une yvresse soudaine ; son
» ame nage dans une perfide joie ;
» un rire insensé le tourmente et le
» conduit à la mort. Fuyons ces ondes
» cruelles, ces ondes homicides! met-
» tons un frein à nos desirs, et craï-
» gnons l'illusion de nos sens «. Cependant ils avancent jusqu'à l'endroit où les eaux se répandent dans un vaste bassin, et y forment un lac.

Sur la rive, une table élégamment servie offre à leur vue les mets les plus délicieux : deux Nymphes d'un air voluptueux folâtrent dans les eaux ; elles s'y défient à la nage, quelquefois elles s'y plongent toutes entières, et découvrent en reparaissant de nouveaux trésors. Le cœur des guerriers est ému à leur aspect. Ils s'arrêtent pour les contempler; elles continuent leurs jeux : l'une des deux s'éleve sur la surface du lac, et présente à leurs yeux sa gorge d'albâtre et des appas encore plus secrets. Le reste de son corps paraît à demi sous le voile liquide dont il est entouré : l'eau dégoute de sa blonde chevelure. . . . . Telle se montre l'étoile du matin toute humide de rosée (1) : ou telle autrefois on vit la mère de l'Amour sortir de l'écume féconde des mers : ses regards distraits errent sur la rive ; elle feint d'appercevoir pour la première fois les deux étrangers : le rouge de la pudeur vient colorer ses joues. Elle détache ses cheveux qu'un nœud rassemblait sur sa tête ; ils tombent et couvrent d'un voile d'or l'ivoire de

(1) Qualis ubi oceani perfusus lucifer unda.
(*Virg. 8.*)

son col. . . . . O que de charmes disparaissent alors ! mais un charme nouveau les remplace. Voilée par les eaux et par ses cheveux, elle reporte sur les deux guerriers des yeux où la honte se mêle à la joie : elle sourit, elle rougit, et le ris sur ses levres s'embellit du fard de la pudeur. Enfin d'une voix touchante et capable d'amolir les cœurs les plus durs :

» Heureux étrangers, leur dit-elle, » qu'un destin propice conduit dans » le séjour de la félicité, vous trou- » verez dans cet azyle un abri contre » les orages de la vie, et l'oubli de » vos peines ; vous y goûterez les » plaisirs que, jadis au siécle d'or, » goûtèrent les humains, libres en- » core du joug des loix. Quittez, » quittez des armes désormais inuti- » les ; suspendez-les dans le temple » du bonheur ; consacrez-les à la paix ; » vous ne servirez ici que sous les

» drapeaux de l'amour. Ces gazons, » cette verdure, seront le théâtre de » vos combats (1). Nous allons vous

---

(1) Una in tanto drizzossi, e le mammelle,
E tuttoc, che più li visti allettti,
Mostro dal seno infuso aperto al Cielo:
E'l lago a l'altre membra era un bel volto.

Qual mattutina stella esce dell'onde
Rugiadosa e stillante: o come fuore
Spuntò nascendo già dalle feconde
Spume del'Ocean la Dea d'Amore;
Tal apparve costei: tal le sue bionde
Chiome stillavan cristallino umore.
Poi girò gli occhi, e pur allor s'infinse
Que' duo vedere, e in se tutta si strinse.

E'l crin, che'n cima al capo avea raccolto
In un sol nodo, immantinente sciolse,
Che lunghissimo in giù cadendo, e folto,
D'un aureo manto i molli avori involse.
O che vago spettacolo è lor tolto!
Ma non men vago fu chi loro il tolse.
Così dall'acque e da 'capelli ascosa

» présenter à la beauté qui regne dans
» ces lieux, elle y comble le desir
» de ceux qui sont soumis à ses loix.
» Destinés à ses plaisirs, vous vous
» enivrerez dans ses bras d'une vo-
» lupté divine ; mais baignez-vous

A lor si volse lieta e vergognosa.

. . . .

Mosse la voce poi sì dolce e pia,
Che fora ciascun altro indi conquiso :
O fortunati peregrin, cui lice
Giungere in questa sede alma e felice!

Questo è il porto del mondo; e qui il ristoro
Delle sue noje, e quel piacer si sente
Che già sentì ne' secoli dell'oro
L'antica e senza fren libera gente.
L'arme, che fin a quì d'uopo vi foro,
Potete omai depor sicuramente,
E sacrarle in quest' ombra alla quiete :
Chè guerrieri quì sol d'Amor sarete.

E dolce campo di bataglia il letto
Fiavi, e l'erbetta morbida de' prati.

» d'abord dans cette onde, et reparez » à cette table vos forces épuisées ».

Tandis que l'une des nymphes parle, l'autre de ses gestes, de ses regards, accompagne ses discours. Ainsi dans une fête champêtre, la jeune bergère marie ses pas à la musette. Mais les deux Guerriers sont insensibles à ces perfides caresses ; cet aspect séduisant, ces accens enchanteurs, chatouillent leurs sens et ne peuvent atteindre leur ame; ils vont au palais achever leur victoire, et les nymphes dédaignées cachent dans les eaux leur dépit et leur honte.

Cent portes conduisent dans le magnifique édifice; les deux guerriers entrent par la plus grande. Elle est d'argent et roule sur des gonds d'or (1).

(1) Foribus cardo stridebat ahenis.

(*Virg.*)

Des figures en relief la décorent et fixent les regards des deux voyageurs étonnés, moins de la matière que du travail (1). Leurs yeux trompés croyent qu'elles respirent. On y voit Alcide filant aux pieds d'Omphale : le vainqueur de enfers, le destructeur des monstres, manie la quenouille et fait tourner le fuseau : l'amour le regarde et sourit à sa métamorphose. D'une main faible et tremblante, la beauté qui le captive souleve ses armes homicides, et se couvre de la peau du lion de Némée, dont la rudesse paraît offenser ses membres délicats (2).

---

(1) Materiam superabat opus.

(*Ovid.*)

(2) *Ovide* a dit dans son *art d'aimer : l.* 2.

Ille fatigatæ vincendo monstra novercæ
Qui meruit cœlum, quod prior ipse tulit;
Ille inter Ionicas calathum tenuisse puellas
Dicitur, et lanas excoluisse rudes.

Plus

Plus loin, une mer agitée roule ses flots blanchis d'écume : deux flottes armées l'une contre l'autre s'en disputent l'empire. L'onde étincelle et s'allume ; d'un côté paraît Auguste et les romains ; de l'autre, Antoine et les peuples de l'aurore. On dirait que les Cyclades, arrachées de leurs fondemens, nagent sur la surface des eaux, ou que des montagnes se heurtent contre des montagnes : le fer et la flamme volent de tous côtés ; la mer est teinte de sang et couverte de débris. Le combat est encore douteux ; mais on voit fuir la Reine étrangere...... Antoine fuit ! Antoine oublie le sceptre de Rome et l'empire du monde ! .... Non il ne fuit pas..... son courage ne connaît pas la crainte.... mais il suit Cléopâtre qui fuit et l'entraîne. Vous le voyez frémir tout-à-la-fois d'amour, de honte et de rage : ses yeux se reportent tour-à-tour sur le combat et sur le vaisseau qui emporte son amante. Enfin, caché dans les détours du Nil, il attend la mort dans les bras de Cléopâtre. La vue de la beauté qui l'enflamme, semble charmer la douleur de sa perte (1)....

---

(1) D'incontro è un mare; e di canuto flutto
Vedi spumanti i suoi cerulei campi.
Vedi nel mezzo un doppio ordine instrutto
Di navi, e d'arme: e uscir dall' arme i lampi.
. . . .

Svelte nuotar le Cicladi diresti
Per l'onde, e i monti coi gran monti urtarsi:
L'impeto è tanto, onde quei vanno e questi
Co' legni torreggianti ad incontrarsi.
Già volar faci, e dardi: e già funesti
Vedi di nova strage i mari sparsi.
. . . .
Ecco fuggir la barbara Reina.

E fugge Antonio! e lasciar può la speme
Dell' imperio del mondo ov' egli aspira?
Non fuge no, non teme il fier, non teme;
Ma segue lei che fugge, e seco il tira.

Les deux guerriers détachent leurs regards de ces merveilleux tableaux, et entrent dans le labyrinthe dont on

---

Vedresti lui simile ad uom che freme
D'amore, a un tempo, e di vergogna, e d' ira,
Mirar alternamente or la crudele
Pugna ch'è in dubbio, or le fuggenti vele.

Nelle latébre poi del Nilo accolto
Attender pare in grembo a lei la morte :
E nel piacer d'un bel leggiadro volto
Sembra che il duro fato egli conforte.

Vedi nel mezzo, *etc.* imité de *Virgile*, *Énéid. l.* 8.

In medio classes æratas, actia bella
Cernere erat, totumque instructo marte videres
Fervere leucaten, auroque effulgere fluctus.
Quinci Augusto, etc.

Virgile a dit : *l.* 8.

Hinc ope barbaricâ variisque Antonius armis,
Victor ab auroræ populis, et littore rubro,
Ægyptum, viresque orientis, et ultima secum
Bactra vehit.

leur a tracé les perfides détours, sans quoi mille routes confuses y égareraient leurs pas.

Tel on voit le Méandre incertain dans son cours, se jouer sur ses rives; tantôt il remonte vers sa source; tantôt il descend vers la mer, et ses flots qui fuyent trouvent ses flots qui reviennent (1). Tels, et plus confus

---

Svelte nuotar le Cicladi, *etc.* Voyez *Virgile. l.* 8.

. . . . . Pelago credas innare revulsas
Cycladas, aut montes concurrere montibus altos,
Tantâ mole viri turritis puppibus instant.

Già volar faci; *etc.* On lit dans *Virgile : ibid.*

Stuppea flamma manu, telique volatile ferrum
Spargitur; arva nova Neptunia cæde rubescunt.

Nelle latèbre, *etc. Virgile* dit encore : *ibid.*

Contrà autem magno mœrentem corpore Nilum,
. . . .
Coeruleum in gremium, latebrosaque flumina victos.

(1) Non secùs ac liquidis Phrigius Mæander in undis

encore, sont les détours du magique palais. mais la carte fatale, présent du sage vieillard qui a instruit les chevaliers chrétiens, en révele les issues les plus secretes. A travers mille tortueux sentiers, ils arrivent enfin au jardin enchanté. Que n'offre-t-il pas à leur vue ? Des eaux dormantes et des ruisseaux qui roulent sur un sable d'argent leur mobile cristal ; des fleurs, des arbustes, des gazons, des côteaux que le soleil dore de sa lumiere ; des vallons que couvre un ombrage délicieux ; des grottes et des forêts d'éternelle verdure. L'art qui créa ces beautés, y ajouta encore par

---

Ludit, et ambiguo lapsu refluitque fluitque,
Occurrensque sibi venturas aspicit undas :
Et nunc ad fontes, nunc ad mare versus apertum
Incertas exercet aquas.

(*Ovid. Metam. l. 8.*)

les soins qu'il prend de se cacher (1). Au charmant désordre qui regne en ces lieux, on croit qu'ils doivent tout à la nature; on croirait du moins que la nature a voulu jouer l'art et l'imiter à son tour. L'air docile aux loix d'Armide porte par-tout une chaleur féconde, et appelle dans les rameaux la sève obéissante : avec des fruits toujours mûrs, les arbres donnent des fleurs toujours nouvelles. Sur le même tronc, sur la même feuille, la figue mûrit à côté de la figue naissante; la pomme qui jaunit voit croître une pomme encore verte. La vigne élance sur les côteaux ses tortueux

(1) *Ovide* a dit dans ses *Métamorphoses : naturae ludentis opus*. Et dans le troisième livre du même ouvrage :

Cujus in extremo est antrum nemorale recessu,
Arte laboratum nullâ : simulaverat artem
Ingenio natura suo.

rameaux, et près d'une grappe qui fleurit, étale une grappe déjà toute brillante d'un divin nectar (1). Les oiseaux amoureux, sous des berceaux de verdure, soupirent leurs plaisirs et leurs peines; les ondes et les feuilles mollement agitées par les zéphirs, s'accordent à leur ramage, et leur harmonieux murmure accompagne leurs concerts. Parmi ces chantres aîlés, il en est un dont le plumage est varié de mille couleurs; son bec a l'éclat de la pourpre; sa langue forme des sons qui ressemblent aux nôtres; il commence à chanter, tous se taisent pour l'entendre, et les vents dans les airs retiennent leurs haleines.

» Vois cette rose naissante que co-
» lore un modeste incarnat; à peine

---

(1) Tout le monde reconnaîtra ici la description des jardins d'Alcinoüs, dans le septième livre de l'Odyssée.

» elle entrouvre sa prison ; moins elle » se montre, plus elle est belle. Mais » déjà plus hardie, elle étale les » trésors de son sein ; tout-à-coup » elle languit ; ce n'est plus cette » fleur qu'enviaient mille beautés, » et que mille amans brûlaient d'of- » frir à leurs maîtresses (1). Ainsi un » seul jour voit flétrir la fleur de notre » vie ; le printemps vient ranimer » la nature ; mais notre jeunesse fuit » pour ne revenir jamais. Ceuillons » la rose dès le matin ; le soir elle » sera fanée ; ceuillons la rose d'a- » mour ; aimons tandis que nous pou- » vons être aimés (2).

---

(1) *Ausone* a dit : *Rosac. Eydill.* 14

Quam longa una dies, ætas tam longa rosarum,
Quas pubescentes juncta senecta premit.

(2) Acque stagnanti, mobili cristalli,
Fior varj, e varie piante, erbe diverse,
Apriche collinette, ombrose valli,

Il se tait : tous les oiseaux reprenent leur ramage : les tourterelles redoublent leurs baisers amoureux : tout

---

Selve e spelonche in una vista offerse :
E quel che il bello, e il caro accresce all'opre,
L'arte che tutto fa, nulla si scopre.

. . . .

Co' fiori eterni eterno il frutto dura,
E mentre spunta l'un, l'altro matura.

Nel tronco istesso, e tra l'istessa foglia
Sovra il nascente fico invecchia il fico.
Pendono a un ramo, un con dorata spoglia,
L'altro con verde, il novo, e il pomo antico.
Lussureggiante serpe alto, e germoglia
La torta vite, ov'è più l'orto aprico :
Quì l'uva ha in fiori acerba, e quì d'or l'have
E di piropo, e già di nettar grave.

. . . .

. . . .

Tacquero gli altri ad ascoltar lo intenti,
E fermaro i susurri in aria i venti.

brûle, tout s'enflamme ; le chêne et le laurier, les arbustes et les plantes, la terre même et les eaux, tout respire l'amour, et ressent sa puissance.

Au milieu de cette tendre mélodie, au milieu de tant d'objets voluptueux,

---

Deh mira (egli canto) spuntar la rosa
Dal verde suo modesta e verginella,
Che mezzo aperta ancora, e mezzo ascosa,
Quanto si mostra men, tanto è più bella.
Ecco poi nudo il sen già baldanzosa
Dispiega : ecco poi langue, e non par quella,
Quella non par che desiata innanti
Fu da mille donzelle e mille amanti.

Così trapassa al trapassar d'un giorno
Della vita mortale il fiore, e'l verde :
Nè perchè faccia indietro April ritorno,
Si rinfiora ella mai, nè si rinverde.
Cogliam la rosa in sul mattino adorno
Di questo dì chè tosto il seren perde :
Cogliam d'Amor la rosa : amiamo or quando
Esser si puote riamato amando.

les deux guerriers s'avancent : toujours plus austères, ils ferment leur ame à l'attrait du plaisir. Leurs yeux errent à travers le feuillage ; un nouvel objet a frappé leur vue : ils croyent voir. . . . . Il voyent Armide et son amant ; elle est couchée sur le gazon ; Renaud est dans ses bras. . . . . Son voile ne couvre plus l'albâtre de son sein ; ses cheveux épars sont le jouet des zéphirs ; elle languit d'amour ; sur ses joues enflammées brille une sueur voluptueuse qui l'embellit encore ; dans ses prunelles humides pétille le feu du plaisir. Tel un rayon de lumiere perce le cristal des eaux (1). Sa tête est penchée sur Renaud, qui, renversé dans ses bras, a les yeux attachés sur les siens. De ses regards

(1) Aspicies oculos tremulo fulgore micantes,
Ut sol in liquida sæpe refulget aqua.
(*Ovide*, *l.* 2; *de arte amandi.*)

avides il devore son amante, il se mine et se consume ; elle s'incline vers lui, et lui donne des baisers de flamme ; elle en couvre ses yeux ; elle suce ses levres ; Renaud soupire ; il lui semble que son ame s'envole et passe dans le sein de son amante (1). Les deux guerriers, de l'asile qui les cache, contemplent leurs jeux et leur ivresse.

Au côté de Renaud pendait un miroir confident discret des amoureux mysteres ; Armide se leve ; elle met

---

(1) . . . . In gremium qui sæpe tuum se
Rejicit, æterno devinctus vulnere amoris :
Atque ita suspiciens tereti cervice reposta
Pascit amore avidos inhians in te, Dea, visus :
Æque tuo pendet resupini spiritus oris.
(*Lucret. l. 1.*)

Et livre 4 :
Et tenet adsuctis humectans oscula labris.

Virgile a dit :
Oscula libavit natæ.

le cristal entre les mains de son amant ; ses yeux tout brillans de plaisir, y cherchent son image ; Renaud d'un regard brûlant, n'y cherche que sa maîtresse. Armide est fiere de son empire ; Renaud l'est de ses fers : elle ne voit qu'elle même, et lui ne voit qu'elle. . . . . „ Tourne, lui disait-il ; ah ! tourne sur moi ces re-
» gards qui portent dans mon ame
» l'ivresse du bonheur ! C'est dans
» mon cœur que tu verras mon image ;
» l'amour d'un trait de flamme l'y
» grava bien mieux que ne l'exprime
» cet infidele miroir. . . . . Cruelle !
» tu me dédaignes ; un vil mortel est
» indigne de fixer tes yeux et ta pen-
» sée ; tu ne contemples que ce ciel
» qui s'embellit de tes charmes, et ces
» astres jaloux qu'efface ta beauté (1) «.

---

(1) Ella dinanzi al petto ha il vel diviso,

Armide sourit ; mais toujours elle s'admire et compose sa parure ; elle rassemble sur sa tête ses cheveux errans, les tresse et les entremêle de fleurs ; elle marie la rose aux lys de son sein, et se couvre de son voile. Le paon superbe étale avec moins de

---

E il crin sparge incomposto al vento estivo.
Langue per vezzo : e 'l suo infiammato viso
Fan biancheggiando i bei sudor più vivo.
Qual raggio in onda, le scintilla un riso
Negli umidi occhj tremulo e lascivo.
Sovra lui pende : ed ei nel grembo molle
Le posa il capo, e 'l volto al volto attolle.

E i famelici sguardi avidamente
In lei pascendo, or si consuma e strugge.
S'inchina, e i dolci bacj ella sovente
Liba or dagli occhj, e dalle labbra or sugge :
Ed in quel punto ei sospirar si sente
Profondo sì, che pensi, or l'alma fugge
E in lei trapassa peregrina. . . . .
. . . .

complaisance l'orgueil de son plumage; Iris est moins belle, quand son humide écharpe se dore des rayons du soleil; mais rien n'égale l'éclat et le charme de sa ceinture; elle-même travailla ce merveilleux tissu;

Dal fianco dell' amante, estranio arnese,
Un cristallo pendea lucido e netto.
Sorse, e quel fra le mani a lui sospese,
Ai misterj d'Amor ministro eletto.
Con luci ella ridenti, ei con accese,
Mirano in varj oggetti un sol oggetto:
Ella del vetro a se fa specchio: ed egli
Gli occhj di lei sereni a sè fa speglj.

L' uno di servitù, l'altra d'impero
Si gloria: ella in se stessa, ed egli in lei.
Volgi, dicea, deh volgi, il cavaliero
A me quegli occhj, onde beata bei:
Chè son, se tu no'l sai, ritratto vero
Delle bellezze tue gl'incendj miei.
La forma lor, le maraviglie appieno,
Più che'l cristallo tuo, mostra il mio seno.

nulle autre main que la sienne n'eût pu allier ensemble tout ce qui la compose. On y voit les tendres dédains, les attrayans refus, l'ivresse de la volupté, son calme heureux, le sourire, les mots entrecoupés, les larmes du plaisir, les longs baisers et les sou-

---

Deh, poichè sdegni me, com'egli è vago
Mirar tu almen potessi il proprio volto:
Chè'l guardo tuo, ch'altrove non è pago,
Gioirebbe felice in se rivolto.
Non può specchio ritrar sì dolce imago:
Nè in picciol vetro è un paradiso accolto.
Specchio t'è degno il Cielo, e nelle stelle
Puoi riguardar le tue sembianze belle.

Pétrarque a dit :

Luci beate e liete,
Se non che'l veder voi stesse v'è tolto:
Ma quante volte a me vi rivolgete
Conoscete in altrui qual che voi siete.

pirs

pirs mutuels (1). Armide elle-même, par un feu magique, les a unis et confondus; jamais elle ne quitte sa ceinture; la nuit dans les bras du repos, elle est autour d'elle; l'amour, quand il la reveille, l'y laisse encore, et n'en est que plus heureux.

Enfin elle donne à Renaud un baiser passionné. . . . un dernier baiser. Le jour la rappelle dans son palais pour

---

(1) Nè il superbo pavon sì vago in mostra
Spiega la pompa delle occhiute piume:
Nè l'Iride sì bella indora e inostra
Il curvo grembo e rugiadoso al lume.
Ma bel sovra ogni fregio il cinto mostra,
Che neppur nuda ha di lasciar costume.
Diè corpo a chi non l' ebbe; e, quando il fece,
Tempre mischio ch'altrui mescer non lece;

Teneri sdegni, e placide e tranquille
Repulse, cari vezzi, e liete paci,
Sorrisi, parolette, e dolci stille
Di pianto, e sospir tronchi, e molli bacj.

s'y livrer à ses magiques mystères. Son amant ne peut suivre ses pas, ni pénétrer dans sa retraite. Enchaîné dans ces jardins enchantés, il y erre tout le jour dans les bosquets. Mais quand l'ombre avec le silence vient favoriser les amoureux larcins, un même asile les rassemble, et devient le confident de leur bonheur.

Dès qu'Armide a disparu, les deux guerriers sortent de leur retraite, et

---

Le Tasse a imité ici *Claudien*.

Nec tales volucris pandit Junonia pennas,
Non sic innumeros arcu mutante colores
Incipiens mutatur hyems, cum tramite flexo
Semita directis interviret humida nimbis.

(*l. 1. De raptu.*)

Et sur-tout le passage admirable du 14 livre de l'*Illiade*, où *Homère* décrit le ceste de Venus.

Voyez encore *Claudien* (*De nupt. honor.*)

Et flecti faciles iræ, etc.

se montrent à Renaud, revêtus de leur pompeuse armure. A peine l'éclat de l'acier a frappé ses regards, l'ardeur des combats entre dans son ame; sa molle langueur se dissipe; il sort de l'assoupissement du plaisir. Tel on voit un généreux coursier, qui, après avoir triomphé dans les champs de la gloire, est condamné à un vil repos; il erre au milieu des pâturages, et près de la cavale amoureuse, il languit et se consume : mais si la trompette guerriere a frappé son oreille; s'il a vu étinceller l'acier, soudain par ses hennissemens il reveille son courage; déjà il brûle de s'élancer dans la plaine; déjà il appelle le guerrier qui doit guider son audace (1).

---

(1) Qual feroce destrier ch'al faticoso
Onor dell'arme vincitor sia tolto :

Cependant Ubalde présente aux yeux du héros le bouclier de diamant qui doit les désiller. Renaud y porte ses regards : il s'y voit, il apperçoit les honteux ornemens dont il est couvert ; ces cheveux parfumés, ces boucles

---

E lascivo marito, in vil riposo,
Fra gli armenti e ne' paschi erri disciolto ;
Se'l desta o suon di tromba, o luminoso
Acciar, colà tosto annitrendo è volto ;
Già già brama l'arringo, e l'uom sul dorso
Portando, urtato riurtar nel corso.

Voyez *Ovid.* (*l.* 3, *Metam.*)

Ut fremit acer equus, cum bellicus ære canoro
Signa dedit tubicen, pugnæque assumit amorem.

Ceci rappelle encore ce passage de *Valérius Flaccus.* (*l.* 2. *Argonaut.*)

Haud secus Æsonides monitis accensus amaris
Quam bellator equus, longa quem frigide pace
Terra juvat brevis, in lævos piger angitur orbes :
Frœna tamen dominumque vehit, si martius aures
Clamor, et obliti rursus fragor impleat æris.

voluptueusement flottantes. . . . Il se cherche lui-même et il se reconnaît à peine. Ainsi, quand nous sortons des bras du sommeil, l'ame, encore pleine des illusions et des songes qui l'ont agitée, s'examine et travaille pour se retrouver. Bientôt il ne peut plus soutenir sa vue ; l'œil morne et la tête baissée, plein de trouble et de confusion, il se précipiterait dans la mer, il se jetterait dans les flammes, il s'abîmerait dans le centre de la terre pour y cacher sa honte. Ubalde enfin lui parle ainsi :

„ Toute l'Asie, toute l'Europe sont „ en feu : quiconque aime la gloire » combat aujourd'hui dans les plaines » de Syrie ; toi seul, ô Renaud ! toi » seul caché dans des lieux ignorés, » au-delà des limites du monde, tu » languis au sein d'un indigne repos ! » Vil esclave d'une femme, seul tu „ es tranquille au milieu des mouve-

» mens qui bouleversent l'univers !
» Quel sommeil , quelle létargie a
» donc assoupi ta valeur ? quelle fai-
» blesse a flétri ton courage ? Renaud ,
» reveille-toi. Le camp te demande ;
» la fortune et la victoire t'attendent
» pour te couronner. Viens , généreux
» guerrier ; tes exploits qui ont étonné
» l'Asie ne sont encore que les jeux
» de ton enfance , et les présages de
» ta grandeur «......

Il se taît : Renaud demeure un moment confus , immobile et sans voix ; mais enfin un généreux dépit , enfant du courage et de la raison , s'empare de son ame , en bannit la honte. Un feu brillant allume ses joues et les enflamme ; il déchire ses vains ornemens, cette indigne parure, marque honteuse de son esclavage. Plein d'une ardeur impatiente , il suit les deux guerriers , et sort du labyrinthe et de ses perfides détours. . . . . Cependant

Armide voit son amant.... Elle le voit hélas! fuir d'un pas rapide loin de sa douce prison. Elle veut crier..... *Ah! cruel, tu me laisses!*.... Mais la douleur ferme le passage à sa voix. Ses tristes accens retentissent sur son cœur (1), et augmentent l'amertume dont il est rempli.... Malheureuse! un pouvoir plus grand que le tien t'arrache ton bonheur et tes plaisirs!.. Elle le sent; en vain pour arrêter Renaud elle essaye les ressources de

---

(1) *Le Dante* a dit: (*Infer.* 33.)

Lo pianto stesso li piagger non lascia,
E'l duol che trov'in su gli occhi rintoppo
Si volve innentro a far crescer l'ambascia.

Et *Ovide* avait dit avant les deux poëtes Italiens:

Troades exclamant: obmutuit illa dolore,
Et pariter vocem lacrimasque introrsus obortas
Devorat ipse dolor.

(*Meta.* 13.)

son art..... L'enfer ne répond plus à sa voix. Elle renonce aux enchantemens, et veut tenter si ses larmes, si les prières d'une beauté humiliée ne pourront pas plus que les secrets de la magie. Elle court et se précipite sur les pas de Renaud. Où sont hélas ! ses triomphes ? Qu'est devenue sa fierté ? Jadis d'un coup-d'œil elle troublait tout l'empire de l'amour ; armée d'orgueil et de dédains, elle embrâsait les cœurs et ne sentait que de la haîne (1) : vaine de ses appas, elle ne voulait des adorateurs que pour avoir des esclaves. Maintenant trahie, abandonnée, elle suit l'ingrat qui la fuit et la méprise ; elle cherche à relever par ses pleurs sa beauté dé-

(1) *Petrarque* a dit : *Sonet.* 139.

Ed ha sì egual a le bellezze orgoglio,
Che di piacer altrui par che le spiaccia.

daignée : les neiges, les précipices, ne peuvent arrêter ses pas. Enfin elle arrive au moment où Renaud touche au rivage: éperdue, hors d'elle-même, elle s'écrie : » O toi qui m'enleves la » moitié de ma vie, cruel ! prends » celle qui me reste, ou rends-moi » celle que tu m'arraches ; arrête ! » arrête ! entends du moins les derniers » mots que ma bouche prononce ! » Ce n'est point un dernier baiser que » je te demande ; garde-le pour une » plus heureuse amante. Barbare ! que » crains-tu si tu m'attends ? Tu as » pu me fuir, tu pourras être sourd » à ma voix « (1).

(1) Volea gridar : dove, o crudel, me sola
Lasci ? ma il varco al suon chiuse il dolore :
Sicchè torno là flebile parola
Più amara indietro a rimbombar sul core.
Misera, i suoi diletti ora le invola
Forza e saper del suo saper maggiore.

Renaud s'arrête ; elle approche haletante, baignée de larmes, abîmée dans la douleur, mais plus belle par sa douleur même : ses yeux tombent sur le héros qui ne jette sur elle que des regards dérobés, tardifs et honteux. Armide exhale en ces mots son désespoir.

Ella se 'l vede, e invan pur s'argomenta
Di ritenerlo, e l'arti sue ritenta.

. . . .
. . . .

Lascia gl'incanti, e vuol provar se vaga
E supplice beltà sia miglior maga.

Corre, e non ha d'onor cura o ritegno.
Ahi dove or sono i suoi trionfi e i vanti?
Costei d'Amor, quanto egli è grande, il regno
Volse e rivolse sol col cenno innanti :
E cosè pari al fasto ebbe lo sdegno,
Ch'amò d'esser amata, odio gli amanti :
Sè gradì sola, e fuor di sè in altrui

» N'attends pas de moi les prières
» qu'une amante adresse à son amant;
» ces doux noms ne sont plus faits
» pour nous.... Barbare! si ton cœur
» les dédaigne, si tu abhorres jusqu'au
» souvenir de notre flamme, du moins
» écoute-moi comme l'objet de ta

Sol quache effetto de' begli occhj sui.

Or negletta e schernita, e in abbandono
Rimasa, segue pur chi fugge e sprezza:
E procura adornar co' pianti il dono
Rifiutato per se di sua bellezza:
. . . .

Forsennata gridava: o tu che porte
Teco parte di me, parte ne lassi;
O prendi l'una o rendi l'altra, o morte
Dà insieme ad ambe: arresta, arresta i passi,
Sol che ti sian le voci ultime porte,
Non dico i bacj; altra più degna avrassi
Questi da te. Chè temi, empio, se resti?
Potrai negar, poi che fuggir potesti.

» haîne.... Si tu me hais, si cette
» haîne fait ton bonheur, jouis de cet
» affreux sentiment, je ne viens point
» te l'arracher: tu le crois juste; il
» l'est sans doute : moi aussi j'ai dé-
» testé les chrétiens ; j'ai fait plus, je
» t'ai détesté toi-même. Je naquis
» Musulmane ; je me fis un devoir
» d'accabler une puissance ennemie : je
» t'ai poursuivi; j'ai juré ta perte ; je
» t'ai entraîné dans ces déserts incon-
» nus, loin du monde et loin des com-
» bats. A ces crimes ajoute un crime
» plus grand, plus funeste, plus af-
» freux pour toi ; j'ai séduit ton cœur;
» je t'ai fait connaître l'amour et ses
» feux.... Forfait odieux! et que tu
» ne saurais trop punir! je t'ai livré
» mon honneur et mon innocence :
» esclave sous tes loix, je t'ai prodi-
» gué des charmes pour lesquels mille
» amans avaient envain soupiré....
» Venge-toi, pars, abandonne ces lieux

» jadis si chers à ton cœur. Va, fran-
» chis les mers. Par tes combats, par
» tes travaux, anéantis nos autels et
» ma croyance; moi-même je t'arme-
» rai contr'elle.... Mais que dis-je?
» ma croyance! ah! ce n'est plus la
» mienne! cruelle idole de mon cœur!
» je ne reconnais plus que toi; seul
» tu es et mon maître et mon dieu!....
» Je ne te demande qu'une faveur lé-
» gère; permets que je suive tes pas.
» Un vainqueur mene ses captifs en-
» chaînés à son char; qu'Armide soit
» à ton triomphe un ornement de plus;
» que les chrétiens me comptent au
» nombre de tes victimes; que cette
» fière beauté qui méprisa l'élite de
» leurs guerriers, aille à la vue de ton
» camp traîner tes fers et souffrir tes
» dédains.... Vile esclave! eh! pour-
» quoi nourrir encore cette chevelure
» qui n'a plus d'attraits pour toi? je
» couperai ces tresses inutiles; je veux

» que tout en moi annonce l'esclavage. » Dans l'horreur des batailles, au mi- » lieu d'une foule ennemie, je suivrai » tes pas : j'ai le courage.... j'aurai la » force de conduire tes coursiers, et » de porter tes traits. Je serai ton » écuyer; je serai, si tu veux, ton rem- » part; je prodiguerai ma vie pour » défendre la tienne. Avant que d'ar- » river à toi, il faudra que le fer de » tes ennemis perce mon sein et le » déchire. Peut-être il n'en sera pas » un seul assez barbare pour vouloir, » aux dépens de mes jours, couper » la trame des tiens. Peut-être en fa- » veur de cette beauté que tu mé- » prises, ils oublieront la vengeance.... » Hélas! malheureuse! où s'égare mon » orgueil? je vante encore une beauté » dédaignée. . . . Elle voulait conti- nuer (1), mais des ruisseaux de larmes

(1) . . . . . Non aspettar ch'io preghi,

coulent de ses yeux. Elle veut saisir la main du héros, ou embrasser ses genoux; il recule et triomphe: l'amour

---

Crudel, te, come amante amante deve:
Tai fummo un tempo: or se tal esser neghi,
E di ciò la memoria anco t'è greve;
Come nemico almeno ascolta. . . . . .
. . . .

Se m'odj, e in cio diletto alcun tu senti,
Non ten' vengo a privar: godi pur d'esso.
Giusto a te pare, e siasi; anch'io le genti
Cristiane odiai, (nol nego) odiai te stesso.
Nacqui Pagana: usai varj argomenti,
Chè per me fosse il vostro imperio oppresso:
Te perseguii, te presi, e te lontano
Dall'arme trassi in loco ignoto e strano.

Aggiungi a questo ancor quel ch'a magiore
Onta tu rechi, ed a maggior tuo danno:
T'ingannai, t'allettai nel nostro amore;
Empia lusinga, certo, iniquo inganno,
Lasciarsi corre il virginal suo fiore;
Far delle sue bellezze altrui tiranno:

ne peut plus rentrer dans son cœur, et ses yeux sont fermés aux larmes. Mais la pitié du moins, d'un feu plus chaste, l'émeut et l'amollit : son ame

---

Quelle ch'a mille antichi in premio sono
Negate, offrire a novo amante in dono.

Sia questa pur tra le mie frodi : e vaglia
Sì di tante mie colpe in te il difetto,
Che tu quinci ti parta, e non ti caglia
Di questo albergo tuo già sì diletto.
Vattene : passa il mar : pugna, travaglia :
Struggi la fede nostra ; anch'io t'affretto.
Chè dico nostra ? ah non più mia ; fedele
Sono a te solo, idolo mio crudele.

Solo ch'io segua te mi si conceda :
Picciola fra' nemici anco richiesta ;
. . . .
Va il trionfante, il prigionier non resta.
Me fra l'altre tue spoglie il campo veda,
Ed all'altre tue lodi aggiunga questa ;
Che la tua schernitrice abbia schernita,
Mostrando me sprezzata ancella a dito.

est

est attendrie; mais il captive sa sensibilité, et sous de tranquilles dehors il cache les mouvemens qui l'agitent.

Sprezzata ancella, a chi fo più conserva
Di questa chioma, or ch'a te fatta è vile?
Raccorcierolla: al titolo di serva
Vuò portamento accompagnar servile.
Te seguirò, quando l'ardor più ferva
Della battaglia, entro la turba ostile.
Animo ho bene, ho ben vigor che baste
A condurti i cavalli, a portar l'aste.

Sarò qual più vorrai scudiere o scudo:
Non fia che in tua difesa io mi risparmi.
Per questo sen, per questo collo ignudo,
Pria che giungano a te, passeran l'armi.
Barbaro forse non sarà sì crudo,
Che ti voglia ferir per non piagarmi;
Condonando il piacer della vendetta
A questa, qual si sia, beltà negletta.

Misera, ancor presumo? ancor mi vanto
Di schernita beltà che nulla impetra?
Volea più dir; etc. etc.

» Armide, lui dit-il, je partage ta
» douleur; que ne puis-je éteindre
» dans ton sein l'ardeur funeste qui
» le dévore! La haîne! le dédain!
» Ah! ce ne sont pas-là les sentimens
» que j'éprouve : tu n'es point mon
» esclave, tu ne seras point mon en-
» nemie : ton cœur s'est égaré; tu as
» été extrême dans ta haîne et dans
» ton amour.... Ton excuse est dans
» ta loi, dans ton sexe et dans ton
» âge. Moi aussi j'ai partagé tes er-
» reurs. Eh! si je te condamnais, de
» quel droit pourrais-je m'absoudre?
» Non, dans mes disgraces, dans mes
» prospérités, ton souvenir sera tou-
» jours cher à mon cœur; et tant que
» l'honneur et mon culte me le per-
» mettront, je serai encore ton che-
» valier. Mettons un terme à nos éga-
» remens, à notre honte; ensévelissons
» dans ces deserts inconnus le souve-
» nir de nos faiblesses. Puissent ces

» jours malheureux être retranchés du » reste de mes jours! Puissent les hom» mes ignorer toujours cette indigne » partie de mon histoire! et toi-même, » efface de la tienne un trait qui flétri» rait ta beauté, tes vertus, et l'éclat » de ta naissance. Adieu, belle Armide, » vis en paix dans ces lieux; il ne t'est » plus permis de suivre mes pas. De» meure, ou par une autre route, va » retrouver le repos dans le sein de la » sagesse ».... Pendant qu'il parle, Armide lance sur lui des regards d'abord inquiets, puis sinistres et fâcheux; enfin elle éclate en ces mots :

» Non, tu n'es pas le fils de la belle » Sophie (1)! Tu n'es point le sang

---

(1) Tout le monde connaît le passage de l'Iliade

ΟΥΔΕ ΘΕΤΙΣ ΜΗΤΗΡ, &c.

Catulle a dit : *De nuptiis Pelei.* v. 154.

Quænam te genuit sola sub rupe leæna?
Quod mare conceptum, spumantibus expuit undis?

» des héros dont tu prétends sortir! la
» mer en courroux t'enfanta au milieu
» des tempêtes! Le Caucase te nourrit
» dans ses affreux rochers, et tu suças
» le lait d'une tigresse d'Hyrcanie! Pour-
» quoi dissimuler encore (1)? L'insen-
» sible a-t-il montré un mouvement de

Quæ syrtis, quæ Sylla vorax, quæ vasta Charibdis.

Ovide (*Meta.* 8.)

Non genitrix Europa tibi est, sed in hospite syrtis
Armeniæ tigres, austroque agitata Charibdis.

Et *Virgile*: *Æneid.*, l. 4, v. 365.

Nec tibi diva parens, generis nec Dardanus auctor,
Perfide, sed duris genuit te cautibus horrens
Caucasus, hyrcanæque admorunt ubera tigres.

(1) Nam quid dissimulo? aut quæ me ad majora
reservo?
Num fletu ingemuit nostro? num lumina flexit?
Num lacrimas victus dedit, aut miseratus amantem est?
Quæ quibus ante feram. (*Virg.*)

» pitié? A-t-il changé de couleur? A-t-» il du moins donné une larme, un sou-» pir à mon désespoir?.... Le barbare » insulte à ma douleur. Il veut être mon » chevalier, et il me fuit, il m'aban-» donne! Vainqueur humain, géné-» reux, il daigne oublier mes offenses » et pardonner mes erreurs. Ecoutez » ce philosophe austère.... Il me » donne des conseils, et sa chaste rai-» son gourmande mon amour! O ciel! » O Mahomet! Vous souffrez ces im-» pies; et vous foudroyez nos tours et » nos temples!.... Va cruel! Va, je te » rends cette paix que tu me laisses! » cours, ingrat, où t'entraîne l'iniquité! » Mon ombre attachée à tes pas te sui-» vra sans cesse; furie implacable, » armée de torches et de serpens, ma » rage égalera mon funeste amour. S'il » faut que tu échappes au courroux des » flots; que, vainqueur des ondes et » des écueils, tu arrives enfin sur le

» théâtre de cette guerre sacrilège, bien-» tôt baigné dans ton sang, environné » des ombres de la mort, tu payeras » mon désespoir et mes larmes : sou-» vent à ton dernier soupir tu invoque-» ras Armide.... je t'entendrai (1) ».... Elle voulait achever; la douleur éteint

---

(1) Torva il riguarda, alfin prorompe all'onte.

Nè te Sofia produsse, e non sei nato
Dell'Azzio sangue tu: te l'onda insana
Del mar produsse, e'l Caucaso gelato,
E le mamme allatar di tigre Ircana.
Che dissimulo io più? l'uomo spietato
Pur un segno non diè di mente umana.
Forse cambio color? forse al mio duolo
Bagnò almen gli occhj, o sparse un sospir solo?

. . . .

S'offre per mio: mi fugge, e m'abbandonna.
Quasi buon vincitor, di neo nemico
Oblia le offese, e i falli aspri perdona.
Odi come consiglia, odi il pudico

sa voix et en étouffe les derniers sons; elle tombe presque sans vie; une sueur froide et glacée coule sur ses membres, et ses yeux se ferment à la lumière.... Tes yeux se ferment, Armide! Le ciel impitoyable refuse à ta douleur une

---

Senocrate d'Amor come ragiona.
O Cielo, o Dei, perchè soffrir questi empj;
Fulminar poi le torri, e i vostri tempj?

Vattene pur, crudel, con quella pace
Che lasci a me: vattene, iniquo, omai;
Me tosto ignudo spirto, ombra seguace
Indivisibilmente a tergo avrai.
Nuova furia co' serpi e con la face
Tanto t'agiterò quanto t'amai.
E s'è destin ch'esca del mar, che schivi
Gli scoglj e l'onde, e ch'alla pugna arrivi:

Là tra'l sangue e le morti egro giacente
Mi pagherai le pene, empio guerriero.
Per nome Armida chiamerai sovente
Negli ultimi singulti; udir ciò spero.....
Or quì mancò ol spirto alla dolente; etc: etc.

consolation dernière. Ah malheureuse ! Ouvre les yeux, et tu verras des larmes couler de ceux du cruel qui t'abandonne. Ah! si tu pouvois l'entendre! Quelle douceur ses soupirs porteraient dans ton ame (1)! Il te donne tout ce

---

(1) Chiudesti i lumi, Armida : il Cielo avaro
Invidiò il conforto a' tuoi martirj.
Apri, misera, gli occhj ; il pianto amaro
Negli occhj al tuo nemico or chè non miri ?
O s'udir tu 'l potessi, o come caro
T' addolcirebbe il suon de suoi sospiri ! etc.

Me tosto ignude, etc.

Virgile a dit : *Æneid.*, l. 4, v. 384.

. . . . . Sequar atris ignibus absens :
Et, cum frigida mors animæ seduxerit artus,
Omnibus umbra locis adero, dabis, improbe, pœnas.

Per nome Armida, etc.

Virgile dit encore : *Æneid.*, l. 4, v. 382.

Spero equidem mediis, si quid pia numina possunt,
Supplicia hausurum scopulis, et nomine Dido
Sæpe vocaturum.

qu'il peut, et les derniers regards qu'il t'adresse sont des regards de pitié. Que fera-t-il? Doit-il laisser cette infortunée mourante sur un sable désert? La sensibilité l'arrête; la compassion le retient; mais une dure nécessité lui commande et l'entraîne. Il part. Déjà son vaisseau fend les ondes; il a les yeux collés sur le rivage; mais bientôt le rivage se dérobe à ses yeux.

Revenue à elle-même, Armide regarde autour d'elle, et ne rencontre partout que la solitude et le silence (1)....
» Il est parti, dit-elle ..... Il a pu me
» laisser expirante en ces lieux.... Le
» traître n'a pas différé d'un moment
» sa fuite!.... Dans l'état affreux où
» j'étais, il ne m'a pas donné le moindre
» secours! et je l'aime encore!.... Et

(1) Ainsi *Catule* dit d'*Ariane* abandonnée :

. . . . Omnia muta
Omnia sunt deserta; ostentant omnia letum.

» assise sur ce rivage, je verse des pleurs
» au lieu de me venger!.... Des pleurs!
» je n'ai donc point d'autres armes!....
» Je le poursuivrai l'ingrat. . . . Ni le
» ciel, ni l'enfer ne pourront le sauver
» de ma fureur!.... Déjà je l'atteins,
» je le saisis, je lui arrache le cœur....
» Attachons ici ses membres déchirés
» pour effrayer les coupables qui se-
» raient tentés de l'imiter... Il m'apprit
» à être barbare; je veux l'emporter sur
» lui... Mais où suis-je? et qu'osais-je
» dire? . . . . Malheureuse Armide!
» Quand tu le tenais dans tes fers,
» c'était alors que tu devais épuiser sur
» lui ta fureur (1).... Aujourd'hui un
» courroux tardif t'enflamme; tu te
» livres à des transports impuissans....
» Non... Il brave l'enfer, et mon art et

(1) Quid loquor? aut ubi sum? quæ mentem
insania mutat?
Tum decuit, cum sceptra dabas. (*Virg.*)

» ma rage.... Eh bien d'autres moyens » me restent. O beauté méprisée ! c'est » toi qu'offense l'ingrat, c'est à toi de » me venger. Oui : ma beauté sera le » prix du guerrier qui m'apportera sa » tête.... O mes amans ! je vous pro- » pose une périlleuse, mais noble en- » treprise.... Ma personne, mes trésors » voilà votre récompense.... Si je ne » mérite pas d'être achetée à ce prix, » vaine beauté ! tu n'es qu'un présent » inutile de la nature.... Don funeste ! » je te repousse, je t'abhorre ; j'abhorre » et ma couronne, et ma vie, et le jour » qui m'a vu naître..... Je ne vis plus » que par l'espoir d'être vengée (1) »...

(1) Poi ch' ella in se tornò, deserto e muto,
Quanto mirar potè, d'intorno scorse.
Ito se n'è pur, disse, ed ha potuto
Me quì lasciar della mia vita in forse?
Nè un momento indugiò : nè un breve ajuto
Nel caso estremo il traditor mi porse?

Ainsi par des sons entrecoupés, elle exhalait son désespoir : enfin elle s'arrache à cette rive déserte, les yeux égarés et le visage en feu. Rentrée dans son palais, elle invoque à grands cris tous les habitans de l'enfer : le ciel s'obscurcit et se couvre de nuages affreux ; l'astre du jour pâlit et s'éteint :

Ed io pur anco l'amo ? e in questo lido
Invendicata ancor piango, e m'assido ?

Che fa più meco il pianto ? altr' arme, altr' arte
Io non ho dunque ? ahi seguirò pur l' empio :
Nè l'abisso, per lui riposta parte,
Nè il Ciel sarà per lui sicuro tempio.
Già'l giungo, e'l prendo, e'l cor gli svello, e sparte
Le membra appendo, ai dispietati esempio.
Mastro è di ferità : vuo superarlo
Nell' arti sue ; ma dove son ? che parlo ?

Misera Armida, allor dovevi, e degno
Ben era, in quel crudele incrudelire
Che tu prigion l'avesti : or tardo sdegno

les vents déchaînés ébranlent les rochers et les montagnes; l'abîme mugit sous ses pieds, et dans son vaste palais, on n'entend que des monstres furieux, qui sifflent, heurlent, aboyent et frémissent. Des ombres plus épaisses que la nuit la plus noire enveloppent l'édifice, des éclairs percent l'obscurité et la

---

T'infiamma, e movi neghittosa l'ire
Pur se beltà può nulla, o scaltro ingegno,
Non fia vuoto d'effetto il mio desire.
O mia sprezzata forma, a te s'aspetta
(Chè tua l'ingiuria fu) l'alta vendetta.

Questa bellezza mia sarà mercede
Del truncator dell' esecrabil testa.
O miei famosi amanti, ecco si chiede
Difficil sì, da voi, ma impressa onesta.
Io che sarò d'ampie ricchezze erede,
D'una vendetta in guiderdon son presta.
S'esser compra a tal prezzo indegna io sono;
Beltà, sei di natura inutil dono.

rendent plus affreuse; enfin les ombres s'évanouissent; le soleil lance de pâles rayons, l'air n'est point encore serein, mais le palais a disparu : les vestiges en sont effacés; on ne peut pas même dire : *il était-là*. Il ne reste dans ces lieux que des rochers deserts, et l'horreur sauvage qu'y mit la nature. Ar-

---

Dono infelice, io ti rifiuto : e insieme
Odio l'esser Reina, e l'esser viva,
E l'esser nata mai; sol fa la speme
Della dolce vendetta ancor ch'io viva.
. . . .
. . . .

Sol fa la speme.

Pacuvius a dit :

Dii me et si perdunt tamen esse adjutam expetunt
Quod prius quam pereo, spatium ulciscendi dabunt.

Ce vers, *Sparsa il crin, etc.* ressemble à celui de *Claudien*.

Cincta sinus, exerta manus, armata bipenni.

mide sur son char s'élève. Entourée de nuages et de bruyans tourbillons, elle fend les airs étonnés, et vole à la vengeance.

DEIPHIRE.

DÉIPHIRE.

DÉIPHIRE (1).

PALIMACRE ET PHILARQUE.

PALIMACRE.

Ah ! Philarque, juge quelle est ma douleur, et combien j'en dois souffrir, lorsque ceux, qui n'en sont que les té-

(1) Leon-Baptiste Alberti, gentilhomme Florentin, qui vivait dans le quinzième siecle, et dont on a plusieurs ouvrages, est l'auteur d'un dialogue intitulé ainsi. Nous avons, selon notre coutume, traduit très-librement ce que nous en avons pris, ajouté nos idées et fait disparaître des longueurs, des concetti, des métaphores outrées, des comparaisons trop recherchées, en un mot plusieurs défauts agréables aux yeux des Italiens peut-être, mais qui ne le sont point aux yeux des Français. Ce dialogue sera, si l'on veut, la morale de ce recueil.

moins, ne peuvent la voir sans en être attendris! Laisse-moi donc, en m'en faisant une habitude, chercher à diminuer un tourment qui durera autant que ma vie. Après tout il a ses charmes; mes peines me sont chères, je les nourris; je les tiens renfermées au-dedans de moi, et je voudrais qu'en tombant dans mon sein, mes larmes pussent retourner à leur source et rentrer dans mon cœur.

PHILARQUE.

Cher Palimacre! je ne puis te voir errer ainsi dans les bois seul et pensif, toi dont le front était naguère toujours sans nuages, sans en être étonné et touché; j'ai voulu pénétrer la cause de tes ennuis; et je porte la peine de ma curiosité. Ta douleur est venue jusqu'à moi; mais quelle en peut être la cause? O mon ami! beauté, vertus, richesses, les dieux ne t'ont rien refusé.

PALIMACRE.

Ah Philarque! que peut l'or? que peut la beauté? que peut même la vertu contre mon infortune? Cesse, ami, cesse de vouloir me consoler. Laisse-moi tout entier à ma tristesse : plus tu m'interrogeras, plus tu agiteras mon cœur, et mes maux s'en aigriront.

PHILARQUE.

Au nom de l'amitié sacrée qui nous lie, verse ton ame dans la mienne. Ah! si je ne te suis pas indifférent, me refuseras-tu ta confiance.

PALIMACRE.

Eh bien! tu m'arraches mon secret..... J'aime, je brûle, je meurs d'amour.

PHILARQUE.

Mon ami, je l'avais déviné : les efforts de dissimulation, que tentent les amans, les décèlent. Cher Palimacre, console-toi ; l'amour est la maladie de ton âge ; quelquefois aussi celle des cheveux blancs ; tu es aimable et beau ; l'amour te convient ; il pourra te rendre heureux ; et s'il te faut lutter contre lui, ton ame a toutes ses forces. La même flamme qui réduit dans un instant en cendres un vieux arbre suffit à peine pour noircir une branche encore verte. Acheve donc de me confier ton secret : mes conseils aideront à ton bonheur, ou à ta guérison ; mais surtout ne laisse pas trop connaître ta passion à celle qui en est l'objet. Car telles sont les femmes, ce sexe impérieux et volage, qu'elles regardent moins comme amis, que comme esclaves, ceux qui s'assujetissent à leurs volontés. Elles risqueroient, en faisant leur bonheur, de se priver d'une autorité qui leur est cent fois plus précieuse que tous les transports de l'amour le plus tendre. Dis-moi, cher ami, si celle qui t'enflamme mérite ta tendresse ; car c'est une servitude bien vile que de ressentir une passion dont on rougit.

PALIMACRE.

O que celui-là est heureux qui est le maître d'aimer ou de ne pas aimer à son choix ! pour moi je ne puis m'empêcher de sentir de l'amour ; ni de me plaindre en aimant. Déiphire ! chère Déiphire ! ne mérites-tu pas toute ma tendresse ? Tu es si belle et si enjouée ! Mais trop cruelle et trop fière ! Ah ! si tu savais combien le dédain ôte de graces à la beauté ! mais telles que soient tes rigueurs, tu me seras toujours chère ! . . . . O Déiphire, un jour viendra où je serai l'objet de tes regrets, lorsque tu rappelleras dans ta mémoire ma tendresse et ma fidélité ! *Il savait aimer* ! Te diras-tu.... Tu le connaîtras ; mais trop tard ; et tu pleureras ; et les beaux jours que tu auras perdus seront passés sans retour.

PHILARQUE.

Que voilà bien les amans! ils ne cessent d'adresser des prières et des plaintes à qui ne les voit ni ne les entend. Peuvent-ils parler? Ils restent interdits, et ne sauraient proférer un mot; ou s'ils parlent, c'est pour se repentir dans un moment de ce qu'ils ont dit. O que ton cœur n'est-il aussi tranquille que le mien! Ou s'il te faut aimer et plaire, s'il te faut délirer au gré de l'amour, que ne partages-tu tes feux entre tant de beautés, sans te préparer par une passion exclusive des soucis et des tourmens inévitables! L'amour est une plaie qui s'envenime et s'aigrit en la nourrissant; c'est une frénésie qui s'accroît, qui s'aggrave de jour en jour, si par de nouvelles blessures, on ne fait diversion à la première; si une prudente inconstance n'étouffe le mal dans son origine, et ne fait prendre un nouveau cours aux transports de la passion (1).

PALIMACRE.

Dieux! comme tu dégrades les amans! Et que mon cœur désavoue bien ta vaine morale! Ne vois-tu donc pas que tu prives l'amour de ses douceurs les plus délicieuses, quand tu lui donnes pour frein l'inconstance! Et qu'un cœur sen-

(1) Sed fugitare decet.... pabula amoris
Absterrere sibi, atque alio convertere mentem
Et jacere humorem conlectum in corpora quæque,
Nec retinere semel conversum unius amore,
Et servare sibi curam certumque dolorem.
Ulcus enim vivescit et inveterascit alendo,
Inque dies gliscit furor, atque ærumna gravescit,
Si non prima novis conturbes vulnera plagis,
Vulgi vagaque vagus venere, ante recentia cures,
Aut alio possis animi traducere motus.
(*Lucret.* IV.)

sible aime mieux souffrir que changer!

PHILARQUE.

En renonçant à ce que tu appelles l'amour, se prive-t-on de ses douceurs? Au contraire on en recueille les fruits sans en sentir les peines (1).... Et quelles peines! Une vie passée dans l'esclavage! Un corps épuisé! Souvent une fortune ruinée! L'oubli des devoirs! Les tourmens de la jalousie! Ceux des desirs! Pour éprouver ensuite à la source même du plaisir je ne sais quelle amertume, et cueillir des épines au sein des fleurs! Soit que la raison nous reproche une vie oisive, perdue dans la molesse; soit qu'un mot équivoque de l'objet aimé pénètre notre ame comme un trait, et s'y conserve ainsi

(1) Nec veneris fructu caret is qui vitat amorem:
Sed potius, quæ sunt sine pœnâ commoda sumit.
(*Lucret.* IV.)

que le ſeu sous la cendre ; soit que notre jalousie remarque dans ses regards trop de distraction pour nous et trop d'attention pour un rival, on démêle sur son visage les traces d'un sourire moqueur (1).

PALIMACRE.

O que ta sévérité est peu de saison ! tu m'as si souvent tracé cette peinture

---

(1) Adde quod absumunt vires, pereuntque labore ;
Adde quod alterius sub nutu degitur ætas ;
Labitur interea res, et vadimonia fiunt ;
Languent officia. . . . .
. . . .
Nequicquam, quoniam medio de fonte leporum
Surgit amari aliquid, quod in ipsis floribus angat :
Desidiose agere ætatem, lustrisque perire ;
Aut quod in ambiguo verbum jaculata reliquit,
Quod cupido ad fixum cordi vivescit, ut ignis :
Aut nimium jactare oculos, alium ve tueri
Quod putat, in vultuque videt vestigia risus.
(*Lucret.* IV.)

des maux que cause l'amour! M'a-t-elle préservé de ses traits? non rien n'a pu m'en défendre.

PHILARQUE.

Ah! je sais qu'il est plus aisé d'éviter ses filets que de s'en débarasser, et de briser les liens dont il enchaîne les cœurs. Cependant quoique pris dans le lac fatal, tu pourrais encore éviter ta perte, si tu n'y courais toi-même; mais la passion t'aveugle (1), et tu ne vois rien de parfait que dans Déiphire.

PALIMACRE.

Ses perfections ne sont pas le plus

---

(1) . . . . Vitare plagas in amoris ne laciamur,
Non ita difficile est, quam captum retibus ipsis
Exire, et validos Veneris perrumpere nodos.
Et tamen implicitus quoque possis, inque peditus
Effugere infestum, nisi tute tibi obvius obstes, etc.
(*Lucret. ibid.*)

puissant de mes liens. Mais comment refuser sa tendresse à qui nous donne toute la sienne? Tout ce qui venait de moi lui plaisait. Ses yeux semblaient m'appeller lorqu'elle me voyait venir, et je ne la quittais jamais qu'ils ne se mouillassent de larmes! combien de fois m'a-t-elle reproché en soupirant que je lui montrais peu d'amour! Je ne sais quel présage des maux que j'endure à cette heure, m'effrayoit, et je ne me livrais qu'en tremblant à ma passion. Je te craignais Déiphire, et tu as cru que je fuyais.

PHILARQUE.

Et comment ne peux-tu te rendre maître aujourd'hui d'une passion à laquelle tu as si long-tems résisté?

PALIMACRE.

Philarque!.... ce même soleil que tu fixais ce matin lorsqu'il n'était qu'à l'horison, dis-moi, pourquoi tu n'oses le regarder à-présent ?

PHILARQUE.

Il fallait fuir, ami, il fallait fuir ou dissimuler.... O mon cher Palimacre ! Celui qui tend bien ses filets prend plus d'oiseaux que celui qui s'obstine à les poursuivre. Une passion trop franche et trop dévouée accroît l'orgueil des femmes au lieu de les toucher. Sommes-nous aimés, et nous marque-t-on quelque hauteur ! feignons de l'indifférence ; qui se retire le premier, est le premier rappellé ?

PALIMACRE.

Eh mon ami ! Crois-tu donc que l'on réfléchit tant en amour ? Ah ! tu sais cette fable de Bion. Un enfant tendait un jour des embuches aux oiseaux. Il voit le volage amour sur une branche. La beauté de cet oiseau le charme. Il unit soudain tous ses gluaux, et observe l'amour qui voltige çà et là, et lui échappe. L'enfant jette de dépit ses gluaux, court vers un vieux laboureur, lui raconte son infortune, et lui montre l'amour posé sur un arbre. Le vieillard sourit, en sécouant la tête, et dit au petit oiseleur : Laisse ta pipée, ne poursuis plus cet oiseau ; fuis loin de lui ; il est trop redoutable ; tu seras heureux tant que tu ne le prendras point ; mais dans peu d'années cet oiseau qui fuit et voltige fondra tout-à-coup sur ta tête, et s'y reposera de lui-même..... Nous voilà, pauvres amans ! L'amour nous attire, nous enlace ; puis il s'éloigne, et rit de nos vains efforts pour nous dégager de sa chaîne. Que sert de savoir se défendre à celui qui se trouve désarmé.

PHILARQUE.

Mais enfin ta Déiphire ne t'aime donc plus ?

PALIMACRE.

Déiphire après m'avoir séduit par de fausses promesses qui m'ont rendu son esclave, me dédaigne aujourd'hui. Tel un pâtre malin qui conduit un taureau fougueux, si l'animal indocile résiste et se détourne, paraît quelque tems céder à son caprice, et lâche la corde; mais s'il trouve un arbre où l'attacher, le taureau bat follement l'air de ses cornes; et serre de plus en plus le lien dont il voudrait se dégager...... Déiphire! O Déiphire que j'adore! Autrefois je te retrouvais éplorée, si j'étais un jour sans te voir; tu semblais renaître lorsque je revenais près de toi; tu me fuis maintenant, tu me fuis, et ne peux te rassasier de mes larmes.

PHILARQUE.

Ami que j'aime! Tes regrets font couler mes pleurs. En vain tu ornerais

la

la porte de l'ingrate de fleurs et de guirlandes, et tu imprimerais sur le seuil de tristes baisers; l'accès t'est interdit (1); la volage te dédaigne. Et de quel prix t'est alors sa beauté? Quelquefois sous le carquois de Vénus une femme se fait aimer; sa conduite, sa complaisance, ses innocens artifices accoutunrent à son commerce, et l'habitude fait naître ensuite l'amour (2). Mais celle qui rit des larmes qu'elle

---

(1) At lacrymans exclusus amator limina sæpe
Floribus et sertis operit, postesque superbos
Unguit amaricino, et floribus miser oscula fixit.
(*Lucret. ibid.*)

(2) Me devinitus interdum, venerisque sagittis
Deteriore fit ut formâ muliercula ametur;
Nam facit ipsa suis interdum fœmina factis,
Morigerisque modis et munde corpore culto,
Ut facile insuescat secum vir degere vitam.
Quod super est, consuetudo concinnat amorem.

fait verser, n'aura jamais un cœur sensible, et ne saurait donner un bonheur pur. Quand ta Déiphire serait aussi constante que tu me la dépeins légère, encore faudrait-il que le jour arrivât qui verrait cesser votre amour. Déiphire n'en a plus pour toi, ne sers point de jouet à sa fierté. Mais quel prétexte a-t-elle donc pris pour changer.

PALIMACRE.

Ah! je ne lui ai donné nul sujet de plainte; j'en jure par Vénus.... Mais je ne reproche rien à Déiphire, c'est la fortune cruelle qui a tout fait, et qui l'a rendue fière et ombrageuse.

PHILARQUE.

Ainsi dans le moment où ils se plaignent avec le plus d'amertume, les faibles amans cherchent encore à excuser celle qui cause leurs douleurs! ils ont beau se railler les uns les autres, ils sont eux-mêmes victimes d'une passion déraisonnable et quelquefois avilissante. Ils accusent la fortune! ..... Palimacre, cher Palimacre! C'est une excessive démence que de nous sacrifier à qui n'a pour nous ni foi ni pitié. Et dis-moi! Ne serais-tu pas plus heureux d'avoir maintenant une main pour sécher tes larmes, tandis que tu restes seul et devoré de douleur? Si les tems sont changés, change avec eux. Tant que tu as été aimé, tout ce que tu pouvais faire ou dire était agréable; tu ne l'es plus; tout ce qui vient de toi déplaira; et tes efforts pour appaiser Déiphire ne serviront qu'à l'indisposer davantage.

PALIMACRE.

Eh bien! le sort en est jetté! j'aimerai jusqu'au dernier jour de ma vie;.... Déiphire! Tu as pensé qu'une autre était plus belle à mes yeux; tu l'as pensé, et ta tendresse en a été irritée. Mais tu ne saurais me voir d'un œil ennemi. O ma chère Déiphire ! Je détruirai tes vains soupçons : tu le verras, si mon ardeur ne sera pas toujours aussi vive qu'au premier instant, où tes yeux portèrent le trouble dans mon cœur !...... Et vous amans, apprenez de moi, à qui mes larmes et mes douleurs ont acquis le triste droit de vous conseiller, apprenez à ne jamais tourner vos regards, que sur celle dont la tendresse est nécessaire à votre bonheur. Que toutes vos pensées, tous vos empressemens, tous vos soins soient pour celle qui vous est chère, si vous ne voulez avoir, ainsi que moi, à gémir de ses rigueurs !

www.ingramcontent.com/pod-product-compliance
Lightning Source LLC
LaVergne TN
LVHW011941220826
846092LV00001B/54

* 9 7 8 2 3 2 9 4 6 0 8 3 3 *